प्राचीन व्यंग्य नाटक

[संस्कृत के तीन विख्यात प्रहसनों का अनुवाद]

प्राचीन व्यंग्य नाटक

बोधायन
महेन्द्रविक्रम वर्मन
वत्सराज

अनुवाद
नेमिचन्द्र जैन
उर्मि भूषण गुप्ता

वाणी प्रकाशन

वाणी प्रकाशन
4695, 21-ए, दरियागंज, नयी दिल्ली 110 002
शाखा
अशोक राजपथ, पटना 800 004
फ़ोन: +91 11 23273167 फ़ैक्स: +91 11 23275710
www.vaniprakashan.in
vaniprakashan@gmail.com

PRACHIN VYANGYA NATAK
Translated by Nemichandra Jain & Urmi Bhushan Gupta

ISBN : 978-93-5072-528-3
Play

प्रथम संस्करण 1998
आवृत्ति संस्करण 2015

मूल्य : ₹150

हर्ष प्रिंटर्स, दिल्ली-110 093 में मुद्रित

वाणी प्रकाशन का लोगो मक़बूल फ़िदा हुसेन की कूची से

पूर्वा, उत्तरा और उदयन के लिए

पूर्वकथन

यह अक्सर कहा जाता है कि हमारे देश की अनेक भाषाओं में, विशेषकर हिंदी में, हास्य-नाटकों की बहुत कमी है। एक हद तक यह बात सच होने पर भी इसका कारण ठीक से समझ में नहीं आता, क्योंकि हमारी नाट्य परंपरा में तो हास्य को बड़ा केंद्रीय स्थान दिया गया है। *नाट्यशास्त्र* भी हास्य को एक महत्त्वपूर्ण रस और भाव मानता है और संस्कृत नाटकों में व्यक्तिगत मानवीय संबंधों और सामाजिक-राजनैतिक परिस्थितियों के काव्यात्मक, गंभीर और सूक्ष्म प्रस्तुतीकरण के साथ-साथ हास्य और व्यंग्य के भी अनेक रूप हैं।

लगभग हर संस्कृत नाटक में विदूषक एक अनिवार्य पात्र है जो गंभीर से गंभीर स्थितियों के बीच भी अपने ढंग से हास-परिहास पैदा करता है। *मृच्छकटिक* में, जुआरियों के विनोदपूर्ण प्रसंग के अलावा, शकार-जैसा अद्‍भुत पात्र है जो अपनी बेमिसाल मूर्खताओं के कारण लगातार हँसाता है। साथ ही उसका क्रूर और दुष्टता-भरा आचरण सत्ता के समीप रहनेवाले व्यक्तियों की निरंकुशता पर तीखा व्यंग्य भी है। *अभिज्ञान शाकुंतल* में धीवर को मछली के पेट से राजा की अँगूठी मिलने के प्रसंग में हास्य तो है ही, राजपुरुषों के भ्रष्टाचार पर व्यंग्य भी है। भास के भी कई नाटकों में हास्य-व्यंग्य की रोचक स्थितियाँ या व्यंजनाएँ मिलती हैं।

इसके अलावा संस्कृत रंग-परंपरा में हास्य-व्यंग्य का एक स्वतंत्र, अनूठा प्रकार ही है—प्रहसन, जिसका केंद्रीय रस या भाव ही हास्य का है। निस्संदेह, इसमें शुद्ध हास्य की बजाय व्यंग्य पर आग्रह है और वह व्यंग्य अधिकतर समाज के एक विशेष वर्ग पर, विभिन्न धार्मिक संप्रदायों के भ्रष्ट, पाखंडी साधुओं और उनके शिष्यों पर, होता है। रोचक बात यह है कि प्रहसनों में कुछ ब्राह्मणों को छोड़कर समाज के उच्च वर्गों के लोग नहीं हैं। फिर भी उनसे उस युग की सामाजिक-सांस्कृतिक परिस्थितियों की ऐसी सटीक और विनोदपूर्ण झाँकी मिलती है जो नाटकीय स्थितियों से भरपूर तो है ही, आज भी प्रासंगिक है।

संस्कृत रंग-सृष्टि के उत्कर्ष का दौर समाप्त होने के बाद एक हज़ार साल में तो देश के हर क्षेत्र के प्रत्येक पारंपरिक नाट्य में विदूषक का स्थान और भी प्रमुख तथा केंद्रीय हो गया और हास्य हर प्रदर्शन का ज़रूरी हिस्सा होने लगा।

हिंदीभाषी क्षेत्र में ही नौटंकी/स्वाँग, माच, नाचा, रासलीला, रामलीला—सभी में किसी-न-किसी नाम से विदूषक और हास्य मौजूद हैं। इस प्रकार यह बेहिचक कहा जा सकता है कि हास्य और व्यंग्य सामान्य भारतीय को मानसिक बनावट का स्वाभाविक अंग है। तो फिर हमारे समकालीन रंग-जीवन में हास्य-नाटकों की इतनी विरलता क्यों है ? इस स्थिति के कारणों की सूक्ष्मता से पड़ताल शायद हिंदीभाषी क्षेत्र की रंग-परंपरा के विकास को ठीक से समझने में भी सहायक होगी। पर साथ ही यह कोशिश भी उपयोगी हो सकती है कि अपनी नाट्य परंपरा में मौजूद हास्यमूलक रचनाओं को रंगकर्मियों के सामने लाया जाए। प्रस्तुत पुस्तक इसी दिशा में एक प्रयास है।

इसमें संस्कृत के तीन चुने हुए, विख्यात और बहुचर्चित प्रहसनों के अनुवाद प्रस्तुत हैं—बोधायन का *भगवदज्जुकम्*, महेंद्रविक्रम वर्मन का *मत्तविलास* और वत्सराज का *हास्यचूड़ामणि*। इनमें पहले दो कई दशक पूर्व *नटरंग* में छपे थे और उसके बाद से अनेक नाट्य-दलों द्वारा खेले जाते रहे हैं। विशेष रूप से, *भगवदज्जुकम्* तो पच्चीस-तीस वर्ष में अनेक रंग-केंद्रों में, छोटी-बड़ी अनेक नाट्य-संस्थाओं द्वारा अनेक बार खेला गया है और बहुत लोकप्रिय है। *मत्तविलास* भी अन्य स्थानों के अलावा दिल्ली में राष्ट्रीय नाट्य विद्यालय द्वारा विख्यात रंगकर्मी कावालम नारायण पणिक्कर के निर्देशन में खेला जा चुका है। तीसरा, *हास्य चूड़ामणि* पहली बार प्रकाशित हो रहा है और मुझे विश्वास है कि यह भी रंगकर्मियों को आकर्षित करेगा।

संस्कृत की अनेक कृतियों की तरह *भगवदज्जुकम्* के रचना-काल और रचनाकार दोनों के बारे में विद्वानों के बीच विवाद है। पर उस विवाद में पड़े बिना फ़िलहाल इतना कहा जा सकता है कि उसके लेखक कोई बोधायन कवि हैं जो संभवतः ईस्वी चौथी शताब्दी से लगाकर छठी तक कभी जीवित रहे होंगे। उनकी कोई अन्य रचना नहीं मिलती। *मत्तविलास* सातवीं शताब्दी के पल्लव राजा महेंद्रविक्रम वर्मन की रचना है, और *हास्यचूड़ामणि* बारहवीं शताब्दी में चालुक्य राजा परमार्दिदेव के मंत्री वत्सराज द्वारा लिखा गया है। वत्सराज ने और भी कई नाटक लिखे हैं।

इस प्रकार ये तीन नाटक सात-आठ सौ वर्षों के बीच अलग-अलग समय पर रची गई कृतियाँ हैं। पर उनमें कथ्य, संवेदना, शैली और भाषा की कई प्रकार की भिन्नताओं के साथ-साथ जीवनदृष्टि और नाट्य-बोध की विस्मयकारी समानता भी है। बहुत कुछ इसीलिए भी वे, काल में दूरस्थ और एक प्रायः अजनबी परिवेश की उपज होने के बावजूद, अपनी आकर्षक रंगीयता (थिएट्रिकैलिटी) के कारण आज भी रंगकर्मियों को आकर्षित करती हैं और दर्शकों को भी।

इन नाटकों की दुनिया में ढोंगी या प्रभावहीन वृद्ध संन्यासी, भोजन, मदिरा और स्त्री-संसर्ग के भूखे विभिन्न संप्रदायों के युवा साधु, पियक्कड़, गणिकाएँ,

कुटनियाँ और उनके आश्रित, जुए और आमोद-प्रमोद में डूबे धनी नागरिक, निकम्मे कर्मचारी, आदि लोग हैं। यहाँ तक कि यमदूत भी अपना काम ठीक से नहीं करता और अपने 'बॉस' यमराज से डाँट खाता है। इस दुनिया में आज के दर्शक-पाठक की क्या रुचि हो सकती है ? एक तरह से यह प्रश्न सही है। पर वास्तव में इस दुनिया के बहुत-से बाशिंदे आद्यरूप, प्रतिनिधि चरित्र-जैसे हैं जो हर समाज में, हर युग में मौजूद होते हैं, और हमारे आज तक के समाज में भी सहज ही पहचाने जा सकते हैं। यह पहचान ही उन्हें आज के दर्शक के लिए आकर्षक और प्रासंगिक बनाती है।

नाट्य-रचनाओं के रूप में इनके आकर्षक होने का एक कारण और भी है। इनमें तरह-तरह की कल्पनाशील यथार्थमूलक तथा अ-यथार्थ, दोनों प्रकार की व्यंजनाप्रधान रंग-युक्तियों का प्रयोग है। पात्रों में विविधता और रोचकता है, संरचना में कसावट और उत्सुकता (ससपेंस) का प्रभावी संयोजन है, और गतियों तथा वाक् में लय और स्वरबद्धता के समावेश से कई स्तरों पर उपज और आशु-रचना की बहुत गुंजाइश है। इन विशेषताओं के कारण ये नाटक कई तरह की शैलियों में खेले जा सकते हैं और खेले गए हैं। वे सचमुच ही निर्देशक और अभिनेताओं के लिए आकर्षक अवसर और चुनौती प्रस्तुत करते हैं।

अंत में एक-दो बातें अनुवाद के बारे में। किसी भी संस्कृत नाटक के हिंदी अनुवाद में हिंदी की अपनी बोलचाल और सृजनात्मक कार्य की भाषा की सूक्ष्म व्यंजनाओं का संस्कार और अभ्यास तो ज़रूरी है ही। साथ ही मूल भाषा के सही प्रयोग, विन्यास आदि के अतिरिक्त, उसके सामाजिक, सांस्कृतिक, साहित्यिक तथा विशेष रूप से रंगकला-संबंधी संदर्भों की ठीक-ठीक पहचान और पकड़ भी उतनी ही ज़रूरी है। यह काम संस्कृत भाषा, साहित्य विशेषकर नाटक और रंगकला के किसी जानकार के सहयोग के बिना ठीक से नहीं हो सकता था। सौभाग्य से मुझे इसमें अपनी बेटी डॉ. उर्मिभूषण गुप्ता से भरपूर सहायता मिली। वह दिल्ली विश्वविद्यालय के मिरांडा हाउस कालेज में संस्कृत की वरिष्ठ प्राध्यापिका है और उसने संस्कृत नाटकों में नाट्य-निर्देशों के प्रयोगमूलक पक्षों का विशेष अध्ययन और इस विषय में शोध-कार्य किया है। इसलिए यह कहना अनुपयुक्त नहीं होगा कि प्रस्तुत अनुवाद दो अनुवादकों का संयुक्त कार्य है जिसमें दोनों का ही अपना-अपना विशेष योगदान है—एक का हिंदी भाषा, साहित्य और समकालीन रंग-कला के संदर्भ का, दूसरे का संस्कृत भाषा, साहित्य और प्राचीन रंग-कला के संदर्भ का। इस तरह के परस्परपूरक सहयोग के बिना यह कार्य संपन्न नहीं हो सकता था।

ये अनुवाद समकालीन हिंदी रंगमंच को ध्यान में रखकर ही किए गए हैं। हमारी कोशिश यह रही है कि मूल नाटक के काव्यात्मक आस्वाद की यथासंभव रक्षा के साथ भाषा को अभिनेता और दर्शक, दोनों के लिए सहज और संप्रेषणीय

बनाया जाए। इसलिए उसमें न तो किसी तरह का शुद्धतावादी आग्रह है, न उसे अख़बारी होने दिया गया है। स्थितियों और पात्रों की सर्वकालिकता के अनुरूप ही भाषा को भी किसी काल-विशेष तक सीमित रह जाने से बचाने की कोशिश की गई है। मुझे आशा है कि रंगकर्मियों और नाटक-प्रेमी पाठकों को ये अनुवाद उपयोगी और संतोषजनक लगेंगे।

मैं वाणी प्रकाशन के भी श्री अरुण महेश्वरी का आभारी हूँ कि उन्होंने इन तीनों नाटकों के अनुवादों को एक साथ प्रकाशित करना स्वीकार किया।

दिल्ली
29 जनवरी, 1998

नेमिचंद्र जैन

अनुक्रम

भगवदज्जुकम्

लेखक

बोधायन

[नांदी के बाद सूत्रधार का प्रवेश]

सूत्रधार : करें रक्षा सदा शिव के चरण
इंद्र का मणिजटित सुंदर मुकुट जिनको छुए
दर्पउद्धत शीश रावण का विनत हो झुके
सदा पूजित नित्य मंगलकरण
रुद्र के वे चरण
करें रक्षा सदा शिव के चरण।

यह रहा मेरा घर। तो फिर प्रवेश करूँ ! **(प्रवेश करके)** विदूषक, विदूषक !

विदूषक : आर्य, मैं यह रहा।

सूत्रधार : कोई और न हो तो तुम्हें एक अच्छी खबर सुनाऊँ ?

विदूषक : आर्य, अवश्य ! **(मंच से बाहर जाकर लौटता है)** आर्य, घर में कोई नहीं है, इसलिए सुनाइए अच्छी खबर !

सूत्रधार : सुनो, आज नगर के बाहर से आते समय सच्ची भविष्यवाणियाँ करनेवाले ब्राह्मण ने बताया है कि आज से सातवें दिन राजमहल में मेरा नाटक खेला जाएगा और मेरे प्रयोग से प्रसन्न होकर राजा मुझे बहुत-सा धन देंगे। ब्राह्मण की बात झूठी नहीं हो सकती, इससे उत्साहित होकर अब में संगीतक करूँगा।

विदूषक : आर्य, कौन-सा नाटक करेंगे ?

सूत्रधार : यही मेरी चिंता है। क्योंकि नाटक और प्रकरण से उत्पन्न वार, ईहामृग, डिम, समवकार, व्यायोग, भाण, सल्लाप, वीथि, उत्सृष्टिकांक, प्रहसन आदि दस नाट्य-रूपों के रसों में हास्य ही प्रधान लगता है, इसलिए प्रहसन ही खेलूँगा।

विदूषक : आर्य, मैं हास्य तो जानता हूँ, पर प्रहसन नहीं जानता।

सूत्रधार : तो तुम सीखो। बिना सीखे कुछ भी जानना संभव नहीं।

विदूषक : तो आर्य ही मुझे सिखाएँ।

सूत्रधार : ठीक है। ज्ञान के लिए संकल्प करके तुम अच्छे रास्ते पर चलनेवालों की भाँति मेरा अनुसरण करो—**(नेपथ्य से 'शांडिल्य, शांडिल्य' की आवाज़ सुनाई देती है।)** जैसे द्विजश्रेष्ठ योगेश्वर परिव्राजक का यह शिष्य करता है। **(दोनों का प्रस्थान।)**

प्रस्तावना समाप्त।

[परिव्राजक का प्रवेश]

परिव्राजक : शांडिल्य, शांडिल्य ! **(पीछे देखकर)** अरे, कहीं दीख नहीं रहा ! यह है ही ऐसा, अज्ञान के अँधेरे से घिरा। यह मानवशरीर रोगों की खान बुढ़ापे के वश में है। मौत इस पर मँडराती रहती है। यह तो वासना के थपेड़े खाता हुआ नदी के किनारे का पेड़ है। बड़े पुण्य से मिलता है, फिर भी इसे पाकर मनुष्य को अहंकार हो जाता है और वह अपने बल, रूप, यौवन से उन्मत्त होकर इसके दोषों को नहीं देखता। इसलिए इस बेचारे का कोई अपराध नहीं। लाओ, फिर बुला देखूँ। शांडिल्य, शांडिल्य!

[शांडिल्य का प्रवेश]

शांडिल्य : कैसी दुर्दशा ! पहले तो अपना जन्म ही ऐसे ब्राह्मण कुल में हुआ जहाँ खाने के नाम पर बस कौए से बचा हुआ श्राद्ध का भोजन। काला अक्षर भैंस बराबर, पर गले

में यज्ञोपवीत और ब्राह्मण कहलाने भर से संतोष। दूसरे, भोजन के अभाव में भूखे रहना पड़ता। सुबह कुछ खाने को मिले इस लोभ में बौद्ध भिक्षु बना। पर वहाँ भी भूखा, क्योंकि वे नीच दिन में एक ही बार भोजन करते। इसलिए उसे छोड़कर चीवर फाड़ा, कमंडल तोड़ा, और केवल एक छतरी लेकर निकल पड़ा। अब तीसरे, इस दुष्ट आचार्य के बर्तन ढोनेवाला गधा बना हूँ। यह भगवन कहीं दूर तो नहीं निकल गए ? उन्हें बुलाता हूँ। कहाँ हैं ? कहाँ गए, भगवन ? अच्छा, लगता है यह दुष्ट साधु भोजन के लोभ में अकेला ही भिक्षा को चल दिया। **(परिक्रमण करके परिव्राजक को देखकर)** यह रहे भगवन ? **(पास जाकर)** क्षमा करो, क्षमा करो, भगवन !

परिव्राजक : शांडिल्य, डर मत, डर मत।

शांडिल्य : भगवन, इस सुखी और सदा मौज-मस्ती में डूबे हुए संसार में आप किस तरह से भिक्षा माँगते हैं ?

परिव्राजक : सुन ! अहंकार या अपमान का बुरा माने बिना, बस जीवित रहने के लिए, मामूली गृहस्थ के घर से भिक्षा माँगता हूँ और विघ्न-बाधा रूपी मगरमच्छों से भरे इस भवसागर को बेधड़क पार करता हूँ।

शांडिल्य : हे भगवन, मेरा तो न कोई भाई है न पिता। आपकी प्रसन्नता भी कहाँ ? पापी पेट के लिए मैंने यह डंडा सम्हाला है, धर्म के प्रेम से नहीं।

परिव्राजक : शांडिल्य, यह क्या ?

शांडिल्य : मैंने सच ही कहा। झूठ से भव-बंधन होता है यही तो आप कहते हैं।

परिव्राजक : भव-बंधन तो सच और झूठ दोनों से होता है। जब मनुष्य अच्छा काम संकल्पपूर्वक सावधानी के साथ करता है तो देवता उसका फल सदैव धरोहर की भाँति सुरक्षित रखते हैं।

शांडिल्य : वह फल मिलता कब है ?

परिव्राजक : वैराग्य होने पर।

शांडिल्य : वह कैसे होता है ?

परिव्राजक : अनासक्ति से।

शांडिल्य : हे भगवन, तो फिर यह बताइए कि यह अनासक्ति क्या होती है ?

परिव्राजक : राग-द्वेष से उदासीनता, जैसे कि सुख और दुख में संतुलन, हर्ष और भय में संयम, मित्र और शत्रु में समभाव—इसी को ज्ञानीजन अनासक्ति कहते हैं।

शांडिल्य : ऐसी भी कोई वस्तु होती है ?

परिव्राजक : न होती तो यह नाम कहाँ से आता ?

शांडिल्य : आप जो कह रहे हैं वह कर सकते हैं ?

परिव्राजक : निस्संदेह।

शांडिल्य : झूठ, झूठ !

परिव्राजक : कैसे ?

शांडिल्य : तो फिर आप मुझ पर क्रोध क्यों करते हैं ?

परिव्राजक : पढ़ते नहीं हो इसलिए।

शांडिल्य : मैं पढ़ूँ या न पढ़ूँ, आप जैसे वीतरागी को क्या ?

परिव्राजक : न, न, न, न, ऐसा नहीं। यह माना जाता है कि पढ़ने आए शिष्य को उसके हित के लिए पीटने में कोई बुराई नहीं। इसलिए बिना क्रोध तुम्हारी भलाई के लिए तुम्हें पीटता हूँ।

शांडिल्य : आश्चर्य है, भगवन, आश्चर्य है ! बिना क्रोध आप मुझे पीटते हैं ! जाने भी दीजिए। चलिए, भिक्षा का समय बीता जा रहा है।

परिव्राजक : मूर्ख, अभी सबेरा है, दोपहर नहीं ! शास्त्रों का वचन है, जब मूसल रखे जा चुके हों, चूल्हा ठंडा हो गया हो, और गृहस्थ भोजन कर चुके हों, तभी भिक्षा का समय होता है। इसलिए चल, विश्राम के लिए इस उद्यान में चलें।

शांडिल्य : अरे-रे-रे ! भगवन ने पहली प्रतिज्ञा भंग कर दी।

परिव्राजक : कैसे ?

शांडिल्य : भगवन के लिए तो सुख-दुख समान है, न ? फिर विश्राम क्यों ?

परिव्राजक : और क्या ? मेरी आत्मा सुख-दुख में समभाव रखती है, पर मेरी कर्मात्मा विश्राम चाहती है।

शांडिल्य : गुरुजी, आत्मा क्या है और यह दूसरी कर्मात्मा क्या है ?

परिव्राजक : सुन। जो स्वप्न में गगन में विहार करती है वह है अंतरात्मा। जो विधाता के नियमानुसार आवागमन करती रहती है, वह भी आत्मा है। पर यह शरीर जिसे नर या अन्य कोई नाम दिया जाता है, वह सुख-दुख भोगनेवाले मनुष्यों की कर्मात्मा है।

शांडिल्य : तो जो अजर है, अमर है, अछेद्य है, अभेद्य है, वह तो हुई आत्मा ! और जो हँसती है, हँसाती है, सोती है, खाती है, और नाश को प्राप्त होती है, वह हुई कर्मात्मा।

परिव्राजक : हाँ, तुम ठीक समझे।

शांडिल्य : बस, तो अब आप पकड़े गए।

परिव्राजक : कैसे ?

शांडिल्य : यह हुआ न कि शरीर के बिना कोई नहीं होता ?

परिव्राजक : यह सांसारिक बात है। क्योंकि प्राणी अलग-अलग कर्म के अनुसार शरीर धारण करते हैं। इसलिए हमने ऐसा कहा।

शांडिल्य : यह सब तो ठीक है। पर आप कौन हैं ?

परिव्राजक : सुन। आकाश, पवन, जल, तेज आदि में से थोड़ा-थोड़ा अंश लेकर गढ़ा हुआ, और भौतिक पदार्थों से बना हुआ, आँख, नाक, कान, जीभ, स्पर्श आदि इंद्रियोंवाला, मैं एक नरनामधारी प्राणी हूँ।

शांडिल्य : हो-हो-हो-हो ! आप स्वयं अपने को नहीं जानते तो आत्मा को क्या जानेंगे ? **(देखकर)** लीजिए, गुरुजी, उद्यान आ गया।

परिव्राजक : पहले तुम प्रवेश करो। हम तो निर्जन वन में ही विश्राम करते हैं।

शांडिल्य : नहीं, पहले आप प्रवेश करें, मैं पीछे-पीछे चलूँगा।

परिव्राजक : क्यों ?

शांडिल्य : बहुत दिन पहले अपनी माँ से मैंने सुना है कि अशोक के पत्तों में बाघ छिपा रहता है। इसलिए पहले आप ही प्रवेश कीजिए। मैं पीछे-पीछे आता हूँ।

परिव्राजक : अच्छी बात है।

[दोनों उद्यान में प्रवेश करते हैं]

शांडिल्य : हाय, हाय, मुझे बाघ ने पकड़ लिया ! मुझे बाघ से बचाओ ! मुझ अनाथ को बाघ निगल चला ! अरे, गर्दन से रक्त बहने लगा !

परिव्राजक : शांडिल्य, डर मत ! डर मत ! यह तो मोर है।

शांडिल्य : मोर ही है, सचमुच ?

परिव्राजक : हाँ, सचमुच मोर है।

शांडिल्य : मोर हो तो आँखें खोलूँ ?

परिव्राजक : हाँ, हाँ, बेखटके।

शांडिल्य : कमीना बाघ मेरे डर से मोर का रूप धरके भाग गया। **(उद्यान की ओर देखकर)** वाह, कैसा सुंदर उद्यान है ! चंपक, अर्जुन, कदंब, नीम, निचुल, तिलक, कर्णिकार, कुर्वक, कपूर, आम, प्रियंगु, साल, ताल, तमाल, पुन्नाग, वकुल, चीड़, सिंदुवार, सप्तवर्ण, कर्वीर, कुटज, अग्निचंदन, अशोक, मल्लिका, खैर, तगिर, कदली आदि के पेड़ वसंत के कारण कोपलों, पत्तियों, कलियों और खिले हुए फूलों से लदे हुए हैं। माधवी और मालती लताओं के मंडप बने हुए हैं। मोर, कोयल और मस्त भौंरों का मधुर स्वर गूँज रहा है। विरहिणी स्त्रियों के दुख को बढ़ानेवाला यह उद्यान सचमुच सुहावना और सुंदर है।

परिव्राजक : मूर्ख ! जहाँ निरंतर इंद्रियों का क्षय होता रहता है, वहाँ तुझे सुंदर क्या दीखता है ? आज यह कलियों के गहनों

से लदा हुआ वसंत है, फिर कुमुदों से सुशोभित शरद आएगा। संसार में नादान ही नयी ऋतुओं में प्रसन्न होता है, और जब तक काल नहीं आता उसे सब कुछ बहुत सुंदर लगता रहता है।

शांडिल्य : सुंदर वस्तु को तो सुंदर कहना ही पड़ता है।

परिव्राजक : नासमझी की बात करता है। देख ! जो व्यक्ति भविष्य की आकांक्षा करता है, अतीत पर पश्चाताप करता है, और वर्तमान से असंतुष्ट रहता है, उसे कभी निर्वाण नहीं मिलता।

शांडिल्य : मार्ग बड़ा लंबा है, गुरुजी। हम लोग कहाँ बैठें ?

परिव्राजक : यहीं बैठें।

शांडिल्य : अरे-अरे ! यह स्थान तो गंदा है।

परिव्राजक : अरण्य पवित्र माना जाता है, पृथ्वी निर्दोष होती है।

शांडिल्य : थककर बैठना चाहते हैं इसलिए आप गंदे को भी पवित्र कहते हैं।

परिव्राजक : यह शास्त्रों का वचन है, मेरा नहीं। बहुत घमंडी, बुराई को भी अच्छा समझने का हठ करनेवाले, और अपनी ही बात को सत्य सिद्ध माननेवाले ही दूसरे किसी को प्रमाण नहीं समझते।

शांडिल्य : पर आप जैसे बक्की आदमी की बात प्रमाण नहीं हो सकती।

परिव्राजक : नहीं, नहीं। संसार में बुद्धिमान जिन्हें प्रमाण मानते हों उन्हें तू भी मान। ऐसे लोग कभी गलत बात नहीं कहते, यह निश्चित है।

शांडिल्य : पर आपको तो मैं प्रमाण मानता ही नहीं।

परिव्राजक : चल, तो फिर आ, पढ़ाई कर।

शांडिल्य : नहीं पढ़ूँगा।

परिव्राजक : क्यों ?

शांडिल्य : पढ़ाई से क्या लाभ है, यह जानना चाहता हूँ।

परिव्राजक : पढ़ाई का लाभ पढ़ाई करके ही कुछ समय बाद पता

चलता है। इसलिए अभी तो तू पढ़ाई कर।

शांडिल्य : पढ़ने से क्या होगा ?

परिव्राजक : सुन। ज्ञान से विज्ञान, विज्ञान से संयम, संयम से तप, तप से योग में प्रवृत्ति, योग में प्रवृत्ति से भूत-भविष्यत-वर्तमान का तत्त्वदर्शन मिलता है। और इन सबसे आठ गुणवाली सिद्धि प्राप्त होती है।

शांडिल्य : गुरुजी, इन हवाई बातों से मुझे हराकर आप चाहे तो कह लें। पर क्या आपको दूसरे के घर में बिना दीखे घुसने की सिद्धि प्राप्त है ?

परिव्राजक : क्या मतलब है तेरा ?

शांडिल्य : मेरा मतलब है कि शाक्य साधु के लिए बने बढ़िया पकवान खाने को मिलें।

परिव्राजक : कैसा असमय लोभ है !

शांडिल्य : आप भी तो इसीलिए साधु बने हैं।

परिव्राजक : नहीं-नहीं। मैं तो योग के उस फल को प्राप्त करने के लिए साधु बना हूँ जिसकी महात्मा लोग कामना करते हैं, ब्राह्मण पूजा करते हैं, जिसे देव और दानव भी मानते हैं, और जो अनिवार्य, अक्षोभ्य, अचिंत्य और अव्यय है।

शांडिल्य : गुरुजी, योग-योग आप-जैसे साधु बहुत रटा करते हैं। यह योग है क्या ?

परिव्राजक : सुन। योग ज्ञान का मूल, तपस्या का सार है। वह तत्त्व का दर्शक, द्वंद्व का नाशक और राग-द्वेष से छुड़ानेवाला है।

शांडिल्य : भोजन में प्रमाद सबसे बड़ा प्रमाद है—ऐसा उपदेश देनेवाले भगवान बुद्ध को मेरा नमस्कार !

परिव्राजक : शांडिल्य, यह कैसी बात !

शांडिल्य : भगवन, क्या नहीं जानते कि मैं तो पकवान के लिए ही साधु बना था ?

परिव्राजक : अच्छा, जाने दे। बोल, कुछ पाठ याद है ?

शांडिल्य : हाँ, हाँ बहुत-कुछ याद है।

परिव्राजक : अच्छा, तो बोल हम सुनेंगे।

शांडिल्य : सुनिए, गुरुजी। आठ प्रकृति, सोलह विकार, आत्मा, पंच वायु, तीन गुण, मन, संचर, प्रतिसंचर—जिन भगवान ने पिटक शास्त्र में यही कहा है।

परिव्राजक : शांडिल्य, यह तो सांख्य का सिद्धांत है, शाक्य का नहीं।

शांडिल्य : गुरुजी, भूखे होने के कारण मन में कुछ और था, मुँह से निकल गया था कुछ और। अब, गुरुजी, सुनिए।

प्राणातिपातात् विरमणं शिक्षापदं।
अदत्तादानात् विरमणं शिक्षापदं।
अब्रह्मचर्यात् विरमणं शिक्षापदं।
मुधावादात् विरमणं शिक्षापदं।
विकाल भोजनात् विरमणं शिक्षापदं।
अस्माकं बुद्धं धर्मं संघं शरणं गच्छामि।।

परिव्राजक : शांडिल्य ! अपने मत को भूल दूसरे का मत सुनाना ठीक नहीं। तमस को त्यागकर, रजस को जीतकर, सत्वस्थ और एक मन होकर तू ध्यान का ही शीघ्र ध्यान कर। ज्ञान का यही प्रयोजन है।

शांडिल्य : आप एक मन होकर योग का ध्यान करिए और मैं एक मन से भोग का ध्यान करता हूँ।

परिव्राजक : छोड़ यह बात। देख, देह में समस्त जगत को लीन करके, सब इंद्रियों को आत्मा में केंद्रित करके, ज्ञान द्वारा तत्त्व का आश्रय लेकर, देहात्मा से संपूर्ण आत्मा को पहचान !

[गणिका वसंतसेना का दो दासियों के साथ प्रवेश]

वसंतसेना : अरी मधुकरिका, कहाँ है, कहाँ है रामिलक ?

मधुकरिका : अज्जुके, वह तो 'अभी आता हूँ' कहकर नगर में गया है।

वसंतसेना : सखि, किस काम से ?

मधुकरिका : काम और क्या, जल्दी से किसी गोष्ठी में पीने के लिए।

वसंतसेना : अभी तक समाप्त नहीं हुई गोष्ठी !

मधुकरिका : आप ठीक कहती हैं। मदिरा की गोष्ठी ठहरी ! जो लजीली समझदार स्त्रियों को भी हँसाती और मतवाली बना देती है।

वसंतसेना : जा, जा, तू उसे जल्दी बुला ला।

मधुकरिका : जाती हूँ, अज्जुके।

[मधुकरिका का प्रस्थान]

वसंतसेना : सखि परिभृतिके, कहाँ, कहाँ बैठूँ ?

परिभृतिका : अज्जुके, बौर से लदे इस आम के पेड़ तले शिला पर थोड़ी देर बैठो और कुछ गाओ।

वसंतसेना : ठीक है, सखी !

[दोनों बैठकर गाने लगती हैं]

उपवन में आई बहार।
कोयल की कुहू जैसे काम के धनुष की टंकार।
आमों से लदे बौर,
गंध से होता मन और और,
मुनियों को चंचल करे मस्ती-भरी शीतल बयार।

शांडिल्य : **(सुनकर)** अरे, लगता है कोयल कूक रही है ! **(फिर सुनकर)** नहीं, नहीं, कोयल नहीं है। यह गीत तो ऐसा मीठा है जैसे किसी ने खीर में घी डाल दिया हो ! देखूँ तो सही। **(थोड़ा चलकर और देखकर)** अरे, नये-नये गहनों से सजी इस उद्यान के गहने-जैसी यह कौन सुंदरी यहाँ बैठी है ?

परिभृतिका : अज्जुके !

शांडिल्य : अरे, यह तो गणिका है ! धनी लोग बड़े भागवान हैं।

परिभृतिका : अज्जुके, कुछ और गाओ न !

वसंतसेना : अच्छा। **(गाती है)**

आया वसंत सखी कामदेव जागा।
कामिनी कटाक्ष-सा

खिले हुए फूलों का बाण
योगी के मन में भी लागा।

शांडिल्य : गले से कैसा मीठा स्वर बह रहा है ! गुरुजी, सुनिए।

परिव्राजक : कानों से सुन तो लिया, पर इस प्रसंग में नहीं पड़ना चाहता।

शांडिल्य : वह भी करने लगेंगे, धन हो तो।

परिव्राजक : अरे, हट, जीभ सँभालकर बात कर !

शांडिल्य : नहीं, नहीं, क्रोध न कीजिए। साधु को क्रोध शोभा नहीं देता।

परिव्राजक : जा, मैं नहीं बोलूँगा।

शांडिल्य : अब आप सचमुच पंडित हुए, भगवन !

[यमदूत का प्रवेश]

यमदूत : संसार में प्राणियों के पाप-पुण्य के साक्षी और कर्म समाप्त होने पर उनके प्राण हरनेवाले यमराज की आज्ञा है कि समय आने पर शरीरों में प्राणों की अदला-बदली कर दूँ। इसीलिए मैं देश-देशांतर में नदी, वन, पर्वतोंवाली धरती को देखता हुआ, सजल मेघों में छिपता हुआ, चारण-सिद्ध किन्नरोंवाले और हवा में उड़ते बादलों से भरे आकाश को पार करके, मन-जैसी तेज़ गति से इस नगर में आ पहुँचा हूँ जहाँ के लिए यमराज ने भेजा था। वह कहाँ होगी ? **(देखकर)** अरे, यह रही ! तपे हुए सोने के रंगवाली, अशोक की कोंपलों और फूलों के सुंदर गुच्छों के बीच छिपी यह वारांगना ऐसी लग रही है जैसे संध्या के बादलों में चंद्रकला। ठीक। पर अभी इसका थोड़ा-सा कर्म बचा है। कुछ देर बाद इसका प्राण हरूँगा।

परिभृतिका : अज्जुके, ये अशोक की कोंपलें कैसी सुंदर हैं ! ये तोड़ लाऊँ ?

वसंतसेना : नहीं, नहीं, मैं ही तोड़ूँगी।

यमदूत : यही समय है। चलूँ, साँप बनकर अशोक की डाली पर

बैठ जाऊँ और इसका प्राण हर लूँ। **(ऐसा ही करता है)** अब इस साँवली, हँसमुख, मिठबोली, मदमस्त, उत्तम चंदन का लेप किए, बड़ी जाँघोंवाली और लाल कमल जैसी आँखोंवाली सुंदर स्त्री को शीघ्र ही यमलोक पहुँचाता हूँ।

[गणिका कोंपलें तोड़ने लगती है]

यमदूत : डसने का यही समय ठीक है। **(वैसा ही करता है)**

वसंतसेना : हाय-हाय मुझे किसी ने डस लिया !

परिभृतिका : **(पेड़ की शाखा को देखकर)** अज्जुके, अशोक के कोटर में तो यह साँप छिपा है !

वसंतसेना : हाय ! साँप !

[कहते-कहते गिर जाती है]

शांडिल्य : **(पास आकर)** देवी, क्या हुआ ?

परिभृतिका : आर्य, इन अज्जुका को साँप ने डस लिया है।

शांडिल्य : अरे-अरे, गुरुजी, इस गणिका को साँप ने डस लिया !

परिव्राजक : इसका कर्म पूरा हो गया होगा। क्योंकि प्राणी अपना कर्म भोगने को जन्म लेते हैं, और कर्म पूरा होते ही आत्मा कहीं और चली जाती है।

परिभृतिका : क्या पीड़ा हो रही है ?

वसंतसेना : मेरी देह सूख रही है। आँखें चकरा रही हैं। जी उड़ा जाता है। मानो मेरे प्राण निकले जाते हों। मैं सोना चाहती हूँ।

परिभृतिका : आराम से सो जाओ, अज्जुके।

वसंतसेना : माँ से मेरा प्रणाम कह देना।

परिभृतिका : नहीं, नहीं, माता को तुम ही प्रणाम करना।

वसंतसेना : रामिलक को आलिंगन कहना।

[मूर्च्छित हो जाती है]

परिभृतिका : हाय रे हाय, अज्जुका मर गई !

यमदूत : ठीक, प्राण तो हर लिये। अब मैं गंगा, विंध्य, पवित्र जल से भरी नर्मदा, गोदावरी, कृष्णा, पशुपति भवन और

कांची को पार करके, फिर कावेरी, ताम्रपर्णी, मलयागिरि और सागर को लाँघकर तेज़ी से लंका पार करके हवा की चाल से यमलोक पहुँच गया हूँ। वह बड़ी-बड़ी शाखाओंवाला वटवृक्ष है। वहाँ बैठे हुए चित्रगुप्त के पास इसके प्राण ले जाता हूँ। **(प्रस्थान)**

परिभृतिका : हा अज्जुके !

शांडिल्य : गुरुजी, इस गणिका ने तो अपने प्राण छोड़ दिए।

परिव्राजक : अरे मूर्ख ! प्राणियों को तो प्राण बहुत प्यारे होते हैं। प्राण ही शरीर को छोड़ जाते हैं, यह कहना चाहिए।

शांडिल्य : धिक्कार है ! निष्ठुर, निर्मम, निर्दयी, क्रूर, दुष्ट, पतित, शठ, झूठे !!

परिव्राजक : तू चाहता क्या है ?

शांडिल्य : मैं आपको आठ सौ गालियाँ देना चाहता हूँ।

परिव्राजक : दे, जी भर के दे।

शांडिल्य : नहीं, नहीं, गुरुजी, मैं बहुत दुखी हूँ।

परिव्राजक : किसलिए ?

शांडिल्य : यह भी हमारी अपनी जैसी है, इसलिए !

परिव्राजक : अपनी कैसे हुई ?

शांडिल्य : संन्यासियों की तरह यह भी किसी से प्रेम नहीं करती।

परिव्राजक : प्रेम न होने पर भी धन के लिए दिखाती तो है ही। क्योंकि निष्ठुर और स्नेहरहित लोग भी अपनी जिम्मेदारियों से बचने के लिए अपने शास्त्र के अनुसार धन के लोभ में गुणों से प्रेम दिखाते हैं।

शांडिल्य : हाय गुरुजी, मुझसे अब नहीं रहा जाता ! मैं तो पास जाकर रोता हूँ।

परिव्राजक : नहीं, नहीं। वहाँ मत जा।

शांडिल्य : क्रोध न करिए, साधु के लिए क्रोध ठीक नहीं। **(गणिका के पास जाकर)** हाय अज्जुका, हाय प्यारी, हाय मधुर कंठवाली !

परिभृतिका : आर्य, यह क्या ?

शांडिल्य : देवी, प्रेम।

परिभृतिका : **(स्वगत)** हो सकता है, साधुओं को माना ही जाता है सब पर करुणा करनेवाले।

शांडिल्य : देवी, इन्हें मैं छू लूँ ?

परिभृतिका : छू लीजिए।

शांडिल्य : हाय अज्जुका ! **(गणिका के पैरों को छूता है)**

परिभृतिका : हें-हें, पैर क्यों छूते हैं ?

शांडिल्य : हाय, शोक से मेरी मति ही मारी गई। सिर है या पैर, यह भी नहीं सूझता। आह ! जीते-जी इस सुंदरी के तालफल-जैसे पुष्ट, चंदन लिपटे, उठे हुए स्तन मुझ अभागे को न मिले !

परिभृतिका : **(स्वगत)** एक काम करूँ। **(शांडिल्य से)** आर्य, थोड़ी देर अज्जुका की देखभाल करें। मैं जाकर इनकी माता को बुला लाऊँ।

शांडिल्य : जल्दी जाओ। जब तक इनकी माँ नहीं आती, मैं ही माँ सही।

परिभृतिका : **(स्वगत)** यह ब्राह्मण है तो दयावान। अज्जुका को छोड़कर नहीं जाएगा। तो जाती हूँ।

[प्रस्थान]

शांडिल्य : गई ! अब जी भर के रो लूँ। हाय अज्जुके, हाय मधुर गानेवाली !

परिव्राजक : शांडिल्य, यह क्या करता है ?

शांडिल्य : अरे, हटो ! निष्ठुर ! मुझे भी क्या अपने जैसा ही समझते हो ?

परिव्राजक : आ बच्चा, पढ़ाई शुरू कर।

शांडिल्य : क्या, गुरुजी ? इस बेचारी अनाथ का कुछ इलाज तो कीजिए।

परिव्राजक : क्या वैद्यकशास्त्र ?

शांडिल्य : आपका योग सब बेकार है !

परिव्राजक : **(स्वगत)** इस बेचारे को कर्तव्य का बोध नहीं, इसलिए

साधु का धर्म नहीं जानता। महेश्वरादि योगाचार्यों से मैंने सुना है, शिष्य के लिए दया से किए हुए काम में दोष नहीं। तो इसे विश्वास दिलाता हूँ कि ऐसा होता है योग। इस गणिका के शरीर में योग-बल से अपनी आत्मा को स्थापित करता हूँ।

[समाधि में बैठता है]

वसंतसेना : **(खड़ी होकर)** शांडिल्य ! शांडिल्य !

शांडिल्य : **(सहर्ष)** अरे, इसके प्राण लौट आए ! देवी, मैं यह रहा।

वसंतसेना : हाथ धोए बिना मुझे मत छूना !

शांडिल्य : अरे, यह तो बड़ी भगतिन बन रही है !

वसंतसेना : आ बेटे, चल अब पढ़ाई कर।

शांडिल्य : यहाँ भी पढ़ाई ! इससे तो अच्छा है गुरुजी के पास जाऊँ। **(परिव्राजक के पास जाकर)** गुरुजी ! अरे, मर गए भगवन ! हाय वाचाल ! हाय योग जाननेवाले ! हाय उपाध्याय ! ऐसे बड़े ज्ञानी भी मरते हैं !

[गणिका की माता के साथ परिभृतिका का प्रवेश]

परिभृतिका : आइए, आइए, माँ जी।

माता : कहाँ है, कहाँ है मेरी बेटी ?

परिभृतिका : अज्जुका उद्यान में पड़ी हैं। साँप ने डस लिया है !

माता : हाय, मैं अभागिन मारी गई !

परिभृतिका : धीरज धरिए, माँजी, धीरज धरिए। अज्जुका तो अब होश में हैं।

माता : क्या सचमुच ? **(पास आकर)** बेटी वसंतसेना, क्या हुआ ?

वसंतसेना : पापिन बुढ़िया, छूना मत मुझे !

माता : हाय रे हाय ! यह क्या !

परिभृतिका : विष बहुत चढ़ गया है।

माता : जा, जल्दी से वैद्य को बुला ला।

परिभृतिका : जैसी आज्ञा। **(परिभृतिका जाती है। दूसरी ओर से**

मधुकरिका और रामिलक का प्रवेश)

मधुकरिका : आइए, आइए, आपकी प्रतीक्षा में अज्जुका बेचैन हैं।

रामिलक : मैं इस बड़ी-बड़ी आँखोंवाली, मधुरभाषिणी के कोमल खिले हुए कमल-जैसे मुख के रस को भौंरे की तरह पीना चाहता हूँ। **(पास जाता है)** अरे, मुझे देखकर मुँह फेर लिया ! **(वसंतसेना का आँचल पकड़कर)** हे सुंदरी, लहरों से घिरे हुए लाल कमल जैसे अपने मुख को थोड़ा इस ओर करो। मुझे तुम्हारा तनिक ही दीखनेवाला मुख भी अंजलि से कम पिए जल की भाँति आनंद ही देता है।

वसंतसेना : ओ कालिया, छोड़ दे मेरा आँचल !

रामिलक : देवी, यह क्या ?

मधुकरिका : जब से इन्हें साँप ने डसा है, ऐसे ही उलटा-सीधा बोल रही हैं।

रामिलक : अच्छा ! अब समझ में आया कि बेहोश होने के बाद इस बेचारी के खाली शरीर में कोई भूत-प्रेत घुस गया है।

[वैद्य और परिभृतिका का प्रवेश]

परिभृतिका : आइए, आइए वैद्यराज !

वैद्य : कहाँ है वह ?

परिभृतिका : ये अज्जुका तो भली-चंगी दीखती हैं।

वैद्य : इसे किसी बड़े साँप ने डसा होगा।

परिभृतिका : आपने कैसे जाना ?

वैद्य : बहुत बड़ा विकार करता है। ले आओ मेरा सामान। विष उतारने का मंत्र शुरू करता हूँ। **(नीचे बैठकर घेरा बनाता है)** हे कुंडल-कुटिलगामिनी, मंडल में प्रवेश कर, मंडल में ! ओ वासुकिपुत्र, ठहर, ठहर ! श्-श् ! सिर काट लूँगा ! कहाँ है कुल्हाड़ी ?

वसंतसेना : मूर्ख वैद्य, व्यर्थ परिश्रम न कर !

वैद्य : अरे पित्त भी है ! पर मैं तेरा पित्त, वात और कफ सब दूर किए देता हूँ।

रामिलक : करो, वैद्यराज, जी-जान से प्रयत्न करो। मैं तुम्हें प्रसन्न

कर दूँगा।

वैद्य : हाँ, हाँ, सुंदर गोली आदि साँप की दवाएँ लेकर अभी आया।

[वैद्य का प्रस्थान। यमदूत का प्रवेश]

यमदूत : आज तो यमराज ने मुझे बहुत डाँटा। कहा, यह वह वसंतसेना नहीं है। जल्दी से इसे वहीं वापस ले जाओ। वह दूसरी वसंतसेना है जिसकी आयु खत्म हुई है। उसे यहाँ लाओ। ये लोग उस बेचारी को जलाएँ इसके पहले ही उसके प्राण लौटा दूँ। **(अज्जुका को देखकर)** अरे ! यह तो उठ बैठी ! यह क्या ? उसके प्राण तो मेरे हाथों में हैं, और यह गणिका उठ बैठी ! बड़ा आश्यर्च है ! संसार में धरती पर ऐसा कभी नहीं देखा। **(चारों ओर देखकर)** अच्छा ! इस योगी साधु का खेल है ! अब क्या करूँ ? ठीक है, सूझ गया, थोड़ी देर के लिए इस गणिका की आत्मा को साधु के शरीर में रख दूँ। इस बीच अपना काम पूरा करके फिर दोनों के प्राण अपनी-अपनी जगह स्थापित कर दूँगा। **(गणिका की आत्मा परिव्राजक के शरीर में रखता है)** लो, इस ब्राह्मण के शरीर में इस स्त्री के प्राणों का प्रवेश हुआ। जैसा सत्व, जैसा शील, वैसा ही आचरण !

[यमदूत का प्रस्थान]

परिव्राजक : **(समाधि से उठकर)** परिभृतिका, अरी परिभृतिका !

शांडिल्य : ऐं-ऐं ! भगवन जी उठे ! लगता है अभागों को मौत भी नहीं आती।

परिव्राजक : कहाँ है ? कहाँ है रामिलक ?

रामिलक : भगवन, यह रहा।

शांडिल्य : यह क्या, भगवन ? जिस बाएँ हाथ में कमंडल होना चाहिए, लगता है वह चूड़ियों से भरा है। न तो यह भगवन है, न अज्जुका। भगवदज्जुका बन गया है।

परिव्राजक : रामिलक, आओ मुझसे लिपट जाओ।

शांडिल्य : टेसू के पेड़ को लिपटा ले !

परिव्राजक : रामिलक, मैं मतवाली हो रही हूँ।

शांडिल्य : नहीं, नहीं, तू पागल हो गया है।

रामिलक : भगवन, आपकी यह बात धर्म के विरुद्ध है।

परिव्राजक : मदिरा पीना चाहती हूँ।

शांडिल्य : विष पी ले ! मुझे तो यह परिहास-जैसा लगता है।

परिव्राजक : परिभृतिका, अरी ओ परिभृतिका, मुझसे लिपट जा।

परिभृतिका : दूर हट !

माता : बेटी वसंतसेना !

परिव्राजक : यह रही माँ, प्रणाम करती हूँ।

माता : भगवन, यह क्या ?

परिव्राजक : माँ, मुझे पहचानती है, न तू ? रामिलक, आज़ तो तुमने बड़ी देर कर दी।

रामिलक : भगवन, मैं पराधीन था।

[वैद्य का प्रवेश]

वैद्य : आठ गोलियाँ लाया हूँ, और दवा भी। क्षण भर में जी जाएगी या मर जाएगी। पानी ! पानी !

परिभृतिका : यह रहा पानी !

वैद्य : गोलियों को घोंटता हूँ। अरे, इसे किसी ने डसा थोड़े ही है, इस पर तो कोई भूत सवार है !

वसंतसेना : मूर्ख वैद्य, तेरा बूढ़ा होना बेकार गया ! प्राण लेनेवाले यम को भी नहीं जानता ! बता इसे किस साँप ने डसा है ?

वैद्य : यह बताने में क्या कठिनाई है !

वसंतसेना : कोई शास्त्र है ?

वैद्य : शास्त्र तो अनेक हैं।

वसंतसेना : बता, बता, वैद्यक शास्त्र क्या कहता है ?

वैद्य : सुनिए, वातिकाः पैत्तिकाश्चैव श्लै-श्लै—अरे, अरे, पुस्तक-पुस्तक !

शांडिल्य : वाह ! बड़ा वैद्य बना फिरता है ! एक चरण के बाद

ही सब भूल गया ! ठीक है, मेरा यह मित्र स्वयं ही पुस्तक है।

वैद्य : सुनिए देवी,

वातिकाः पैत्तिकाश्चैव श्लेष्मिकाश्च महाविषाः।
त्रीणि सर्पा भवन्त्येते चतुर्थो नाधिगम्यते।

वसंतसेना : भूल, भूल ! 'त्रयःसर्पा' कहना चाहिए। 'त्रीणि' तो नपुंसक लिंग है।

वैद्य : हाय, लगता है इसको किसी व्याकरण-पढ़े साँप ने डसा है !

वसंतसेना : बता, विषविकार कितने हैं ?

वैद्य : विषविकार सौ हैं।

वसंतसेना : नहीं, नहीं, सात। रोमांच होना, मुख सूखना, पीला पड़ना, अंग काँपना, हिचकी आना, साँस फूलना और मूर्छित होना, ये सात ही विष के विकार हैं। जिसे ये सात विकार हों उसे तो अश्विनीकुमार भी अच्छा नहीं कर सकते। और कुछ कहना हो तो बोल।

वैद्य : यह मेरा विषय नहीं। आपके हाथ जोड़ता हूँ। मैं तो यह चला।

[वैद्य का प्रस्थान। यमदूत का प्रवेश]

यमदूत : आज तरह-तरह की बीमारियों से जीवों को जल्दी से यमपुरी पहुँचाया है—किसी को जन्म से पहले ही, किसी को नासूर से, किसी को कान के रोग से, किसी को तिल्ली बढ़ने से, किसी को हृदय, आँख और मस्तिष्क की बीमारी से। चलूँ, अब यमराज के आदेश का पालन करूँ। **(गणिका के पास आकर)** भगवन, इस अपवित्र शरीर को अब तो छोड़ें !

वसंतसेना : जैसी तुम्हारी इच्छा।

यमदूत : चलूँ, इन दोनों के प्राणों की अदला-बदली करके अपना काम पूरा करूँ। **(ऐसा ही करता है)**

परिव्राजक : शांडिल्य ! शांडिल्य !

शांडिल्य : यह गुरुजी तो फिर पहले-जैसे हो गए !

वसंतसेना : परिभृतिका, परिभृतिका !

मधुकरिका : अज्जुका भी अपनी ही तरह बोलने लगीं !

माता : बेटी वसंतसेना !

रामिलक : प्रिये वसंतसेना, इस ओर, इस ओर !

[गणिका, माता, रामिलक, दासियाँ सब जाते हैं]

शांडिल्य : भगवन्, यह क्या हुआ ?

परिव्राजक : बड़ी लंबी कहानी है। आश्रम चलकर बताऊँगा। **(चारों ओर देखकर)** दिन छिप चला। अब क्षितिज तक फैला सूर्य ऐसे डूब गया जैसे कुठाली में मुँह में पिघला हुआ सोना। उसकी आभा से रंगे बादलोंवाला अंतरिक्ष जलता हुआ-सा दिखाई दे रहा है।

भरतवाक्य

हो सबका कल्याण, दोष, दुख कटें हमारे।
परहित में सब लगें सुखी हों जन-जन सारे !

[दोनों का प्रस्थान।]

मत्तविलास

लेखक

महेंद्रविक्रम वर्मन

[नांदी के बाद सूत्रधार का प्रवेश]

सूत्रधार : जो तीन लोक के स्वामी
करते त्रिभुवनव्यापी नृत्य अखंड अबाध
स्वयं प्रेक्षक भी हैं
जो नाना भावों में डूबे
हैं करते सृष्टि अनेक रसों की
आंगिक, वाचिक, सात्विक और
आहार्य गुणों के द्वारा।
ऐसे दिव्यकपाली शिव
इस कपाल-सी पृथ्वी में
सब को यश दें।

मेरी छोटी पत्नी के कारण बड़ी रूठ गई है। अब उसे मनाने का एक बढ़िया उपाय मुझे सूझ गया। दर्शक-परिषद ने बहुत दिनों बाद आज मुझे नाटक खेलने का काम सौंपा है। तो फिर उसके पास चलूँ। **(नेपथ्य की ओर देखकर)** अजी ए, तनिक इधर तो आओ !

[नटी का प्रवेश]

नटी : आर्य, इतने दिन बाद, इस उम्र में क्या आप यौवनोचित मत्तविलास प्रहसन दिखाने आए हैं ?

सूत्रधार : जैसा तुम कहो।

नटी : उसे ही दिखाइए, न, जिसको प्रसन्न करना है ?

सूत्रधार : तुम्हारे ही साथ दिखाऊँगा।

नटी : क्या उसने ऐसा करने को कहा है ?

सूत्रधार : हाँ-हाँ, इतना ही नहीं, तुम्हें वहाँ जाकर बहुत प्रशंसा मिलेगी।

नटी : वह आप ही रखिए।

सूत्रधार : क्यों, तुम्हें पसंद नहीं ? तुम्हारे अभिनय से प्रसन्न होकर दर्शक-परिषद तुम्हारी सराहना करेगी।

नटी : **(प्रसन्न होकर)** सच बात है ? दर्शकों की सराहना मिल जाएगी ?

सूत्रधार : हाँ, अवश्य मिल जाएगी।

नटी : ऐसा है तो बताइए, क्या बात कहूँ जो आपको प्रिय लगे ?

सूत्रधार : प्रिय बात कहना आवश्यक नहीं।

इन रोमांचित गालों पर लाली
किरणें मुस्कानों की,
तिरछी भौंहें
यह दुर्लभ मुख मिला।
और अब मैं क्या माँगूँ ?

नटी : आप इस समय कौन-सा नाटक खेलना चाहते हैं ?

सूत्रधार : क्यों, तुम्हीं ने तो कहा था मत्तविलास प्रहसन !

नटी : **(स्वगत)** मेरे क्रोध ने भी इन्हीं का साथ दिया ! जो ये चाहते थे मैं वही कह गई। **(प्रकट)** बताइए, कौन-सा कवि इस नाटक द्वारा विख्यात किया जाएगा ?

सूत्रधार : पल्लववंशी रूपी पृथ्वी के श्रेष्ठ पर्वत समान, साम-दाम-दंड-भेद आदि नीतियों से सारे सामंतमंडल को जीतनेवाले, इंद्र के समान पराक्रमी, लक्ष्मी के समान दान से बड़े-बड़े राजाधिराजों को नीचा दिखानेवाले, श्री सिंहविष्णु के पुत्र महाराज श्री महेंद्र विक्रम वर्मन हैं, जो काम-क्रोध-मद-लोभ आदि शत्रुओं को जीतने में तत्पर

हैं, और दूसरों की भलाई करने में पृथ्वी, जल, तेज, वायु, आकाश के समान हैं। प्रज्ञा, दया, धीरता, कला, कौशल, सत्य, शूरता, विनम्रता आदि गुण इस कलियुग में आश्रयहीन होने के बाद उन अकेले की शरण में इस तरह चले गए हैं, जैसे प्रलयकाल में सारी सृष्टि आदिपुरुष के पास चली जाती है। मूल्यवान सूक्तियों से भरे समुद्र के समान ही उनके यहाँ सज्जनों की साधारण सूक्तियाँ भी प्रशंसा पाती हैं।

नटी : तो फिर इतनी देर क्यों लगा रहे हैं ? ऐसा अपूर्व नाटक जल्दी ही शुरू करना चाहिए।

सूत्रधार : मैं ठहरा संगीत का प्रेमी, इसलिए कवि के गुणों का बखान करते-करते वैसे ही बहक गया जैसे—(**बीच में नेपथ्य से सुनाई पड़ता है—'प्यारी देवसोमा !'**)—कपाल का धनी कापालिक युवतियों और मदिरा के चक्कर में बहक गया है। (**दोनों का प्रस्थान।**)

[स्थापना समाप्त।]

[सहचरी सहित कापालिक का प्रवेश]

कपाली : (**नशे में बोलते हुए**) प्यारी देवसोमा ! कहते हैं तपस्या से मनचाहा रूप पाया जा सकता है, जैसे तुमने परमव्रत का विधिपूर्वक पालन करके क्षण भर में ही इतनी सुंदरता प्राप्त कर ली है।

(गीत)
श्रम से भरे पसीने की बूँदों से
भरा हुआ मुख
तिरछी चंचल भौंहें,
मदमस्त चाल
बेबात हँसी
लटपट बातें।

दोनों नेत्र अधीर, लाल, आसक्ति-भरे
अलसाई कोरें,
खुली लटें बिखरी कंधों पर।
गाँठें ढीली गिरती माला।

देवसोमा : भगवन, लगता है नशे में आप मुझे भी नशे में समझ रहे हैं।

कपाली : क्या कहा तुमने ?

देवसोमा : नहीं, कुछ नहीं कहा।

कपाली : क्या मैं नशे में हूँ ?

देवसोमा : भगवन, घूम रही है सारी धरती घूम रही है। लगता है मैं सामने गिरी जा रही हूँ। मुझे सहारा दीजिए।

कपाली : वैसा ही हो, प्यारी। **(सहारा देने के प्रयत्न में स्वयं गिरता है।)** प्यारी सोमदेवा, क्या तुम नाराज़ हो जो मेरे सहारा देने के लिए पास आने पर दूर हट गई हो ?

देवसोमा : क्यों नहीं ! सोमदेवा है नाराज़, पैरों में सिर रखकर मनाएँगे तो भी दूर हटेगी !

कपाली : तुम सोमदेवा ही हो, न ? **(ठीक से याद करते हुए)** नहीं, नहीं देवसोमा।

देवसोमा : भगवन, सोमदेवा आपको इतनी प्यारी है कि मेरा नाम भी भूल गए ?

कपाली : नहीं प्यारी, दोष नशे का है, जिसके कारण नाम उलट-पलट हो गया। तुम्हारा दोष नहीं।

देवसोमा : अच्छा हुआ, दोष आपका नहीं !

कपाली : नशे का असर मेरे ऊपर इतना हो गया ! ठीक, ठीक ! अब आज से नशा नहीं करूँगा।

देवसोमा : नहीं, नहीं, भगवन, मेरे कारण अपना व्रत तोड़कर तपस्या भंग न करें। **(पैरों पर गिरती है)**

कपाली : **(प्रसन्नतापूर्वक उठाकर आलिंगन करते हुए)** बोलो, बोलो, जयशंकर ! प्यारी–

(गीत)

मदिरा पियो !
पियो पियो प्यारी
मदिरा पियो !
निहारो रूप प्रिया का
वेश अटपटा करो–
मोक्ष प्राप्ति का ऐसा मार्ग बतानेवाले
पिनाकपाणि भगवान महेश्वर शंकर,
हे शिवशंकर ! जय हो ! जय हो !

देवसोमा : भगवान, यह आप क्या कहते हैं ? बुद्ध तो मोक्ष का कुछ और ही मार्ग बताते हैं !

कपाली : भद्र, वे तो मिथ्यादृष्टि हैं। क्योंकि कार्य कारण से उत्पन्न होता है, यह मानते हुए भी वे सुख को दुख का कारण समझते हैं। इस तरह से वे अपने ही सिद्धांत से मारे जाते हैं।

देवसोमा : शांतं पापं, शांतं पापं !

कपाली : शांतं पापं, शांतं पापं ! निंदा के लिए भी उन पापियों का नाम लेने योग्य नहीं, जो ब्रह्मचर्य पालन करना, केश उखाड़ना, मल धारण करना, भोजन का समय निश्चित करना, मैले वस्त्र पहनना, आदि नियमों से लोगों को दुख पहुँचाते हैं। इसलिए बुरे लोगों का नाम लेने से अपवित्र हुई अपनी जीभ को मदिरा से धोना चाहता हूँ।

देवसोमा : तो हम अब मदिरा की दूसरी दुकान पर चलें।

कपाली : चलें, प्यारी देवसोमा !

[दोनों मंच पर घूमते हैं]

(गीत)

कापालि : कैसी सुंदर कांची नगरी !
बड़ी-बड़ी ऊँची अटारियों पर हैं बादल टिके
गरजते, भ्रम उपजाते

ज्यों मृदंग बजते हों घर-घर।
भरी हाट फूलों की सुंदर
देख जिसे लगता
आयी है ऋतु वसंत की।
सुंदरियों की करधनियों से मीठी रुनझुन
कामदेव की विजय-घोषणा करती मानो।
परम तपस्वी, बड़े सत्यदर्शी, सब
जिसे समझते श्रेष्ठ अनोखा सुख
दुर्लभ वह भोग इंद्रियों का
है यहीं, यहीं है, यहीं, यहीं है !

देवसोमा : भगवन, यह कांची नगरी देवी मदिरा के समान मधुर है।

कपाली : प्यारी, देखो, देखो, इस मधुशाला में तो यज्ञभूमि का-सा ऐश्वर्य है। मधुशाला के खंभे यज्ञभूमि के खूँटे, मदिरा सोमरस, पियक्कड़ पुरोहित, प्याले यज्ञपात्र, भुना माँस हवन सामग्री, शराबियों की बातें यजुर्वेद के मंत्र, उनके गीत सामगान, छोटी मसक आहुति-पात्र, पीने की तलब यज्ञ की अग्नि, मधुशाला का मालिक यजमान–

देवसोमा : और हम दोनों की भिक्षा यज्ञ में कपालेश्वर का भाग !

कपाली : अहा, इन मतवालों का नृत्य देखने योग्य है !

(गीत)
दर्शनीय है मत्तविलास,
मतवालों का नृत्य-विलास !
थिरकते अंग,
निकलते वचन
मचलते नयन
मस्त लय पर मृदंग की।
भर्राया स्वर,
उत्तरीय गिर रहा भुजा से,

उसे सँभालें तब तक
होती है लय भंग।
ऐसा है यह मत्तविलास !
मतवालों का नृत्य-विलास !

देवसोमा : वाह, भगवन तो बड़े ही रसिक हैं !

कपाली : प्याले में ढली देवी मदिरा के आगे सारे अलंकार झूठे हैं। रूठे प्रेमियों को मनाती है। यौवन का पराक्रम है। जीवन की उत्तेजना है। बहुत क्या कहें—

(गीत)
लोग झूठ ही कहते,
शिव ने खोला तीसरा नेत्र
आग से भस्म कर दिया कामदेव को
सच तो यह है
कामदेव ने उस ज्वाला के असह ताप से पिघल
धर लिया रूप प्यार का, मदिरा का।
इसीलिए प्यारी, मदिरा रूपी यह मन्मथ
मेरे मन को मथकर
बना रहा बेबस मतवाला।

देवसोमा : भगवन, यह ठीक ही है। सृष्टि को रचनेवाले भगवान लोकनाथ सृष्टि का संहार नहीं करेंगे।

[दोनों गाल बजाते हैं]

कपाली : माई, भिक्षा दो !

नेपथ्य : यह रही भिक्षा, लीजिए भगवन !

कपाली : अभी लेता हूँ। प्यारी, मेरा कपाल कहाँ है ?

देवसोमा : मुझे भी नहीं दीख रहा।

कपाली : **(सोचकर)** अच्छा, लगता है किसी मधुशाला में भूल आया। चलो, वापिस चलकर देख आएँ।

देवसोमा : भगवन आदरपूर्वक लाई हुई भिक्षा को न लेना अधर्म है। तो फिर अब क्या करें ?

कपाली : ऐसे धर्मसंकट में गोसिंगे में ले सकते हैं।

देवसोमा : ठीक है, भगवन।

[भिक्षा लेते हैं और फिर दोनों कपाल ढूँढने निकलते हैं]

कपाली : अरे, यहाँ भी नहीं दीख रहा ! **(दुख से)** सज्जनो, हे सज्जनो, मेरा भिक्षा-पात्र आपने देखा है ? क्या कहा आपने ? 'हमने नहीं देखा' ! हाय, तब तो मैं मारा गया ! मेरा तप खंडित हो गया ! कपाल के बिना अब मैं कपाली कैसे कहलाऊँगा ? बहुत बुरा हुआ ! जिस पवित्र कपाल ने खाने, पीने, सोने में मेरा इतना साथ दिया, आज मुझे अच्छे मित्र के विछोह-जैसा दुख दे रहा है। **(गिरकर सिर पीटते हुए)** ऐसे ही सही, वह चिन्ह भी ही तो था। कपाली तो मैं कहलाऊँगा ही। **(खड़ा हो जाता है।)**

देवसोमा : भगवन, किसने लिया होगा वह कपाल ?

कपाली : प्यारी, शायद उसमें कुछ माँस लगा रह गया। इसलिए कुत्ते या बौद्ध भिक्षु ने ले लिया होगा।

देवसोमा : तो फिर उसे सारी कांची नगरी में ढूँढें।

कपाली : हाँ, यही ठीक है।

[दोनों घूमते हैं। हाथ में पात्र लिये एक बौद्ध भिक्षु का प्रवेश]

भिक्षु : उपासक सेठ धनदास की दान-महिमा अपूर्व है, जिसके घर से मुझको भिक्षा में मनचाहे रंग, गंध और स्वादवाली तरह-तरह की माँस-मछली मिली। अब तो मैं राजकीय विहार में जाता हूँ। **(चलते-चलते मन ही मन)** अरे, परम दयालु भगवान तथागत ने भिक्षु-संघ पर अनुग्रह करके उनके लिए महलों में रहने, सुंदर सजे पलंगों पर सोने, दोपहर को भोजन, तीसरे पहर मधुरस तथा पाँच सुगंधिवाले पान खाने और रेशमी वस्त्र पहनने का विधान तो किया, पर स्त्री-सहवास और मदिरा-पान का

नहीं। सर्वज्ञ होते हुए भी क्या भगवान ने इसे नहीं देखा होगा ? मुझे लगता है कि अवश्य उन दुष्ट और शिथिल वृद्ध साधुओं ने हम युवकों से ईर्ष्या के कारण शास्त्रों में से स्त्री-सहवास और मदिरा-पान का विधान निकाल दिया होगा। वह असली ग्रंथ कहाँ मिले ? कहीं मिल जाए तो बुद्ध के सारे उपदेशों का संसार में प्रचार करके भिक्षु-संघ का महान उपकार करूँ !

[चलता है]

देवसोमा : भगवन, देखिए, देखिए ! प्रतिष्ठित नागरिकों से भरे हुए इस राजमार्ग पर लाल वस्त्र पहने, सिकुड़ा-सिकुड़ा, आगे-पीछे घबराया-सा देखता, डर-डरकर पैर रखता एक आदमी जल्दी-जल्दी चला जा रहा है।

कपाली : ठीक कहती हो। चीवर से हाथ में कुछ छिपा भी रहा है।

देवसोमा : भगवन, तो फिर इसे पकड़कर पता लगाएँ।

कपाली : यही करते हैं। **(भिक्षु के पास जाकर)** ए भिक्षु, ठहरो !

भिक्षु : मुझे ऐसे कौन पुकारता है ? **(पलटकर देखता है।)** अरे, यह तो एकाग्र में रहनेवाला दुष्ट कपाली है। जो हो, इस शराबी के सामने पड़ना ठीक नहीं।

[जल्दी से जाने लगता है]

कपाली : अहा, देवसोमा, कपाल मिल गया ! इस आदमी का मुझे देखते ही डरकर जल्दी से खिसकना चोरी का पक्का सबूत है। **(जल्दी से पास जाकर सामने से रोकते हुए)** अरे धूर्त, अब कहाँ जाओगे ?

भिक्षु : भक्त कपाली ! ऐसा न करो ! यह क्या ! **(स्वगत)** कैसी सुंदर उपासिका !

कपाली : ऐ भिक्षु ! दिखाओ। चीवर के नीचे हाथ में क्या छिपा रखा है, देखना चाहता हूँ।

भिक्षु : देखने को क्या है ? बस भिक्षापात्र है।

कपाली : इसीलिए तो देखना चाहता हूँ।

भिक्षु : अरे अरे, उपासक ! ऐसा न करों। इसे ढँककर ही रखना चाहिए।

कपाली : हाँ, हाँ, क्यों नहीं ! ऐसी चीज़ें छिपाने के लिए ही तो बुद्ध ने इतना बड़ा वस्त्र पहनने का आदेश दिया है

भिक्षु : यह सत्य है।

कपाली : यह तो छिपा सत्य हुआ। अब खोलकर भी तो सत्य दिखाओ।

भिक्षु : हँसी रहने दो। भिक्षा का समय बीता जा रहा है। मैं चलता हूँ। **(जाने लगता है)**

कपाली : अरे धूर्त ! कहाँ चला ? मेरा कपाल तो देता जा **(चीवर का कोना पकड़ता है)**

भिक्षु : नमो बुद्धाय !

कपाली : 'नमो खरपटाय' बोल, जिसने चोर-विद्या रची। इस मामले में बुद्ध खरपट से भी बढ़कर है क्योंकि उसने तो ब्राह्मणों के देखते-देखते उपनिषदों और महाभारत की बातें उड़ाकर अपना शास्त्र बना लिया।

भिक्षु : शांतं पापं, शांतं पापं !

कपाली : ऐसे नेक तपस्वी का पाप क्यों न शांत हो !

देवसोमा : भगवन लगता है आप थक गए हैं। यह कपाल आसानी से मिलनेवाला नहीं। इस गोसिंगे से मदिरा पीकर पहले शक्ति जुटा लें, फिर इसके साथ झगड़ा करें।

कपाली : ठीक कहती हो

[देवसोमा कपाली को मदिरा देती है]

कपाली : प्यारी, लो तुम भी अपनी थकान मिटा लो।

देवसोमा : ठीक है, भगवन !

[पीती है]

कपाली : इसने हमारे साथ बुराई की है। पर हमारा सिद्धांत तो बाँटकर खाने का है। इसलिए बची हुई मदिरा इस आचार्य को दे दो।

देवसोमा : जैसी आपकी आज्ञा। लीजिए भगवन !

भिक्षु : **(स्वगत)** यह सौभाग्य तो बड़ा सुखकर है ! बस झमेला यही है कि लोग देख रहे हैं। **(प्रकट)** नहीं, देवी नहीं, हमारे लिए यह उचित नहीं। **(ओंठ चाटता है)**

देवसोमा : भाड़ में जाओ ! तुम्हारा ऐसा भाग्य कहाँ ?

कपाली : प्यारी, यह इच्छा होने पर भी मना कर रहा है। क्योंकि मुँह में पानी भरने से इसकी जीभ लड़खड़ाने लगी है।

भिक्षु : फिर भी तुम्हें मेरे ऊपर दया नहीं ?

कपाली : दया आ जाए तो मैं वीतराग कैसा ?

भिक्षु : वीतरागी को क्रोध भी तो छोड़ना चाहिए।

कपाली : मेरी वस्तु दे दो तो क्रोध छोड़ दूँगा।

भिक्षु : तुम्हारी वस्तु ? कौन-सी ?

कपाली : कपाल।

भिक्षु : कैसा कपाल ?

कपाली : पूछते हो कैसा कपाल ? या शायद ठीक ही है। तुम तो पृथ्वी, समुद्र, पर्वत आदि बड़े-बड़े प्रत्यक्ष पदार्थों को भी भ्रम कहकर उड़ानेवाले बुद्ध के चेले हो ! इस छोटे-से कपाल को उड़ाना तुम्हारे लिए कौन-सी बड़ी बात है ?

देवसोमा : भगवन, यह कहने-सुनने से नहीं देगा। इसके हाथ से छीनें और चलें।

[छीनने की कोशिश करते हैं]

भिक्षु : तेरा नाश हो, दुष्ट कपाली !

[धक्का देकर ठोकर मारता है]

कपाली : हाय, हाय ! मैं गिर गया !

देवसोमा : अरे नीच ! मैं मर गई !

[गिरते हुए कपाली के धक्के से सम्हलने के लिए उसके बाल पकड़ने की कोशिश करती है, पर हाथ में न आने से सहारे के बिना गिर जाती है]

भिक्षु : **(मन ही मन)** भगवान बुद्ध ने सिर मुड़ाने का उपदेश ठीक ही दिया ! उनकी जय हो ! **(देवसोमा का हाथ**

पकड़कर उठाते हुए) उठो, उठो, उपासिके, उठो !

कपाली : देखो, देखो, सज्जनो ! यह भिक्षुक बना हुआ दुष्ट नागसेन मेरी प्रियतमा का पाणिग्रहण कर रहा है !

भिक्षु : अरे, अरे, उपासक ! ऐसा मत कहो ! गिरे हुओं को उठाना हमारा धर्म ही है।

कपाली : क्या यह भी उन्हीं बुद्ध की शिक्षा है ? पहले तो मैं गिरा था ! ठीक है, अब तो तुम्हारा ही कपाल मेरा भिक्षा-कपाल बनेगा।

[सब झगड़ने लगते हैं]

भिक्षु : दुक्खं ! दुक्खं !

कपाली : देखो, देखो, सज्जनो, यह अपने को भिक्षु कहनेवाला दुष्ट मेरे कपाल को चुराकर आप ही चिल्ला रहा है। ठीक है, मैं भी चिल्लाऊँगा। ब्राह्मण पर अत्याचार ! ब्राह्मण पर अत्याचार !

[पाशुपत का प्रवेश]

पाशुपत : सत्यसोम, क्यों चिल्ला रहे हो ?

कपाली : अरे, बभ्रुकल्प ! इस भिक्षु बने हुए दुष्ट नागसेन ने मेरा भिक्षा-कपाल चुरा लिया है।

देवसोमा : और देता नहीं।

पाशुपत : **(स्वगत)** अरे, मेरा मनचाहा भगवान ने कर दिया ! यह दुष्ट किसी लुभावनी वस्तु से मेरी प्रिया को वश में किए हुए है जैसे कोई हाथ में घास लेकर गाय को लुभा लेता है। तो अब विरोधी को उकसाकर अपने बैरी का नाश करता हूँ। **(प्रकट)** नागसेन, क्या यह कपाली सच कहता है ?

भिक्षु : भगवन् ! आप भी यही कहते हैं ! भगवान बुद्ध की शिक्षा है कि बिना दी हुई वस्तु को न लो। झूठ मत बोलो। ब्रह्मचर्य का पालन करो ! हिंसा से बचो ! असमय भोजन न करो ! बुद्धं धम्मं शरणं गच्छामि !

पाशुपत : सत्यसोम, इनका तो यही सिद्धांत है। तुम्हें उत्तर में क्या

कहना है ?

कपाली : झूठ नहीं बोलना तो हमारा भी धर्म है।

पाशुपत : दोनों ही ठीक हैं। तो फिर फ़ैसला कैसे हो ?

भिक्षु : बुद्ध के वचनों को प्रमाण माननेवाला भिक्षु मदिरा-पात्र क्यों चुराएगा ?

पाशुपत : बुद्ध को प्रमाण मान लेने मात्र से कुछ सिद्ध नहीं होता।

कपाली : प्रत्यक्ष को प्रमाण ?

पाशुपत : प्रत्यक्ष कैसे ?

देवसोमा : भगवन, इसने चीवर के भीतर कपाल छिपा रखा है।

पाशुपत : आपने सुना ?

भिक्षु : भगवन, यह कपाल तो मेरा है, किसी दूसरे का नहीं।

कपाली : दूसरे का नहीं तो दिखाओ !

भिक्षु : अच्छा !

[दिखाता है]

कपाली : देखिए, देखिए सज्जनो ! कपाली का अन्याय और भदंत का साधुपना !

भिक्षु :

अदत्तादानाद् विरमणं शिक्षापदं।
मृषावादाद् विरमणं शिक्षापदं
अब्रह्मचर्याद् विरमणं शिक्षापदं।
प्राणातिपाताद् विरमणं शिक्षपदं।
अकालभोजनाद् विरमणं शिक्षापदं।

[कपाली और देवसोमा दोनों नाचते हैं]

भिक्षु : छिः छिः ! लज्जा की बात पर भी नाचते हो !

कपाली : अरे, नाचता कौन है ? **(चारों ओर देखकर)** जैसे मलयानिल के झोंकों से लता झूलती है वैसे ही अपने खोए हुए कपाल को देखकर मुझे जो प्रसन्नता हुई उसे यह नाच समझता है।

भिक्षु : भगवन ! किस कारण यह नहीं दीख रहा ? भगवन, पूछिए इससे, इस कपाल का रंग क्या है ?

कपाली : कहना क्या है, मैंने तो देखा ही है। यह कपाल कौवे से भी काला है।

भिक्षु : तब तो यह अपने आप सिद्ध हो गया कि यह मेरा है।

कपाली : सचमुच सिद्ध हो गया कि रंग बदलने में तुम बड़े चतुर हो। यह चीवर पहले कमल-तंतु के समान सफेद था, पर तुम्हारे नीच कर्मों से वह सबेरे के सूरज की तरह लाल हो गया है। यही नहीं, तुमने अपने आपको बाहर-भीतर पूरी तरह गेरुआ रंग लिया तो भला यह कपाल तुम्हारे पास पहुँचकर रंग बदले बिना कैसे रहता !

देवसोमा : हाय, मेरा तो भाग फूट गया ! सब लक्षणों से भरपूर, ब्रह्मा के कपाल के समान चमकीले, पूर्ण चंद्रमा के समान सुंदर, निरंतर मदिरा की गंध से महकते इस कपाल की इस भिक्षु के मैले कपड़ों को छूने से ऐसी हालत हो गई ! **(रोती है)**

कपाली : प्यारी, रोओ मत, रोओ मत ! फिर से शुद्ध हो जाएगा। सुना है, प्रायश्चित से बड़े-बड़े पदार्थ शुद्ध हो जाते हैं। माथे पर चंद्रमा को धारण करनेवाले हमारे स्वामी भगवान शिव प्रायश्चित के महाव्रत द्वारा ब्रह्मा का सिर काटने के पाप से मुक्त हो गए। प्राचीन काल में देवराज इंद्र ने त्वष्ट के पुत्र त्रिशिरस को मारने के बाद, सौ यज्ञों द्वारा पापों को शांत करके, फिर से पुण्य प्राप्त किया था। बभ्रुकल्प, यह ठीक है, न ?

पाशुपत : शास्त्रों में ऐसा ही बताया है।

भिक्षु : अच्छा, चलो रंग मैंने बदल दिया, पर इसका ऐसा रूप और आकार किसने बनाया ?

कपाली : अवश्य तुम्हीं ने ! तुम तो माया के बेटे बुद्ध के चेले हो !

भिक्षु : आप से कब तक बकझक करूँ ? लीजिए, आप इसे ले लीजिए।

कपाली : निश्चय ही बुद्ध ने भी इसी तरह दान की मर्यादा का

पालन किया था।

भिक्षु : इस धर्मसंकट में कहाँ शरण लूँ ?

कपाली : शरण लो, बुद्ध के धर्म-संघ में शरण लो !

पाशुपत : इस मामले को निपटाना मेरे बस का नहीं। इसलिए न्यायालय में ही चलें।

देवसोमा : न्यायालय ! यदि ऐसा है तो कपाल को नमस्कार !

पाशुपत : क्या मतलब ?

देवसोमा : इस भिक्षु ने तो अनेक विहारों से धन बटोर रखा होगा। इसलिए वह मनमानी घूस देकर न्यायालय के कारिंदों का पेट भर सकता है। पर मुझ-जैसी साँप की केंचुल भर संपत्तिवाले दरिद्र कपाली की सेविका के पास न्यायालय में जाने के लिए धन कहाँ ?

पाशुपत : नहीं, नहीं, ऐसी बात नहीं। न्यायालय में सीधे, गंभीर, स्थिर, विनम्र, कुलीन और सज्जन लोग भी होते हैं। वे भी न्याय को उसी तरह सहारा देते हैं जैसे खंभे किसी महल को।

कपाली : बहुत हुआ ! ईमानदार को कहीं से कोई डर नहीं।

भिक्षु : तो भगवन, आप ही आगे चलें।

पाशुपत : ठीक है।

[सब चलते हैं। उन्मत्तक नामक एक पागल व्यक्ति का प्रवेश].

उन्मत्तक : यही है वह दुष्ट कुत्ता ! छड़ पर भुने मांस-लगे कपाल को लेकर भाग रहे हो ? कहाँ जाओगे, नीच ? अरे, अब यह कपाल छोड़ मुझे खाने आ रहा है। **(इधर-उधर देखकर)** इस पत्थर से इसके दाँत तोड़े देता हूँ। अरे, यह क्या, कपाल छोड़ भागे जा रहे हो ? वह दुष्ट कुत्ता पागल है। मेरी वीरता के कारण मुझ पर भी क्रोध कर रहा है। आकाश में उठे सागर ने पालतू सूअर पर चढ़कर रावण को हरा इंद्रपुत्र तिमिंगल को जबरदस्ती पकड़ लिया। अरे, अरंड वृक्ष ! क्या कहा ? यह झूठ

है, झूठ है ? मूसल के समान लंबे हाथवाला यह मेंढक ही मेरा साक्षी है। पर तीन लोक में विख्यात पराक्रमी को साक्षी की क्या आवश्यकता ? अब यह करूँ कि कुत्ते से बचे मांस के टुकड़ों को खा लूँ। **(खाकर और भी विक्षिप्त)** हाय, हाय ! आँसुओं ने मार डाला। **(रोते-रोते देखकर)** यह कौन मुझे मार रहा है ? **(देखकर)** अरे, दुष्ट बालको ! मैं, क्या कहते हैं उसका भानजा हूँ—जैसे भीमसेन का था घटोत्कच। और सुनो, शूल धारण किए, नाना वेशधारी सैंकड़ों पिशाच मेरे पेट में हैं। मैं सैकड़ों भयंकर बाघों और बड़े-बड़े साँपों को मुँह से छोड़ रहा हूँ। मुझे क्यों सताते हो ? दुष्ट बालको, मुझ पर दया करो। इस मांस के टुकड़े के लिए मुझे मत सताओ। यह रहे हमारे आचार्य शूरवीर नंदी, इनके पास चलूँ। **(यह कहकर दौड़ता है)**

पाशुपत : अरे, यह पागल इधर ही आ रहा है—मनुष्य के रूप में घूमता गाँव का कूड़ेदान, फेंके हुए रंग-बिरंगे चिथड़े लपेटे, रूखे-बिखरे बालोंवाला, भस्म और धूल-भरी उतारी हुई मालाएँ पहने ! जूठन के लालची कौवे उसका पीछा कर रहे हैं।

उन्मत्तक : इनके पास ही चलूँ। **(पास जाकर)** महानुभाव, यह कपाल मुझे चांडाल कुत्ते के पास मिला था, इसे आप ले लें।

पाशुपत : **(देखकर)** जो इसके योग्य हो, उसे दीजिए।

उन्मत्तक : महाब्राह्मण, आप ही इसे स्वीकार करें।

भिक्षु : ये महापाशुपत इसके योग्य हैं।

उन्मत्तक : **(कपाली के पास जाकर धरती पर रखता है। फिर उसकी प्रदशिणा करके पैरों पर गिरते हुए)** महादेव, कृपा कीजिए ! आपके हाथ जोड़ता हूँ।

कपाली : यह तो मेरा ही कपाल है !

देवसोमा : अरे हाँ, सचमुच !

कपाली : अहा, भगवान की कृपा से मैं फिर से कपाली हुआ !

उन्मत्तक : दासीपुत्र, विष खा ले !

[कपाल को छीनकर जाने लगता है]

कपाली : **(उन्मत्तक का पीछा करते हुए)** यह यमदूत मेरा प्राण ही लिये जाता है। आप दोनों मेरी मदद कीजिए।

पाशुपत-भिक्षु : हाँ, हाँ, हम दोनों तुम्हारे साथ हैं। **(सब मिलकर उन्मत्तक को रोकते हैं)**

कपाली : अरे, ठहरो, ठहरो !

उन्मत्तक : मुझे क्यों रोक रहे हो ?

कपाली : मेरा कपाल देकर जाओ।

उन्मत्तक : मूर्ख, क्या दीखता नहीं कि यह सोने का बर्तन है ?

कपाली : सोने का बर्तन किसने बनाया ?

उन्मत्तक : महाशय, सुनहरे वस्त्र पहननेवाले सुनार जीजा ने बनाया है, इसलिए इसे सोने का कहता हूँ।

भिक्षु : क्या कहा ?

उन्मत्तक : यह पात्र सोने का है।

भिक्षु : क्या यह पागल है ?

उन्मत्तक : पागल शब्द में बहुत बार सुन चुका हूँ। इसे ले लो और मुझे दिखाओ कहाँ है पागल। **(कपाली को पात्र देता है)**

कपाली : **(कपाल देखकर)** अरे, वह पागल तो दीवार के पीछे ओझल हो गया। जल्दी से उसका पीछा करो।

उन्मत्तक : मैं बड़ा खुश हूँ। **(कहता हुआ जल्दी से चला जाता है)**

भिक्षु : बड़ा अचरज है ! अपने शत्रु के लाभ से भी मैं प्रसन्न हूँ !

कपाली : **(कपाल को छाती से लगाकर)** हे कपाल ! मैंने बहुत दिन अखंड तप किया और भगवान शिव के प्रति मेरी परम भक्ति है। वह पागल तो अचानक ओझल हो गया, और खुशी की बात है आज तुम मुझे कुशलपूर्वक मिल गए।

देवसोमा : इस समय आपको देखकर मेरी आँखें वैसी ही ठंडी हो रही हैं जैसी चंद्रमा के उगने पर संध्या को देखकर होती हैं।

पाशुपत : बड़ा सौभाग्य है कि आपको सफलता मिली।

कपाली : यह सफलता तो आपकी ही है।

पाशुपत : **(स्वगत)** सच है, निर्दोष को कोई डर नहीं ! तभी यह भिक्षु बाघ के मुँह से बच गया। **(प्रकट)** अब मैं अपने मित्र की सफलता से आनंदित होकर पूर्व दिशावासी भगवान महादेव की पूजा के लिए चलता हूँ। आज से तुम दोनों का यह पुराना विरोध उसी तरह सदैव परस्पर प्रीतिकारी हो जैसा किरात वेशधारी शिव और अर्जुन का था।

[पाशुपत का प्रस्थान]

कपाली : हे नागसेन, मैंने जो आपका अपराध किया है उसे क्षमा करें।

भिक्षु : क्या यह भी कहने की बात है ? आपको और कैसे प्रसन्न करूँ ?

कपाली : आप मुझसे प्रसन्न हैं तो और कुछ नहीं चाहता।

भिक्षु : तो फिर मैं चलता हूँ।

कपाली : फिर दर्शन दीजिएगा।

भिक्षु : तथास्तु। **(चला जाता है)**

कपाली : प्यारी देवसोमा, अब हम भी चलें।

भरतवाक्य

मंगल हो जन-जन का।
गायें दें भरपूर दूध खुशहाली आए
विद्या का आलोक चतुर्दिक फैले छाए
कटे मैल तन-मन का।
न्याय और समता का हो अब पूरा सपना
हो निर्भय कर्तव्य करें सब अपना-अपना
फल पाएँ जीवन का।
मंगल हो जन-जन का।

[दोनों का प्रस्थान।]

हास्य-चूड़ामणि

लेखक

वत्सराज

[नांदी पाठ]

शिव के सिर पर शोभित गंगा की धार के समान घनी जटाओं में फैली हुई उनके मस्तक के चंद्रमा की किरणों आप सबका कल्याण करें। उनको देखकर मद की गर्मी से व्याकुल गणेश द्वारा व्यर्थ ही अपनी सूँड को लगातार रगड़ने पर शिव हँस उठे। पार्वती के क्रोध में यह कहने पर कि आलिंगन क्रीड़ा के लिए अनेक भुजाओं, उत्कंठा से देखने के लिए अनेक नेत्रों, और चुंबन के लिए अनेक मुखों से अनेक स्त्रियों के साथ विलास करने को तैयार तुम्हें मेरी क्या आवश्यकता है, मुस्करानेवाले शिव आप सबकी रक्षा करें।

[नांदी समाप्त]

प्रस्तावना

सूत्रधार : **(आकाश की ओर देखकर)** अरे, रात बीत चली ! **(पश्चिम की ओर देखकर)** अहा ! समयानुसार ही सब सुंदर लगता है। नई चमेली की माला से भरपूर सारे संसार को मदनमय बनानेवाली और अस्ताचल की चोटी पर पड़ती हुई चंद्रमा की ये किरणें किसी वृद्ध के बालों की तरह सफ़ेद लग रही हैं। अरे, तो फिर मुझ-जैसे बूढ़े

के लिए भी यह नाट्य-प्रयोग हास्यकर ही होगा।

[पारिपार्श्विक का प्रवेश]

पारिपार्श्विक : मान्यवर ! इस समय हास्य ही अधिक उपयुक्त है। नीलकंठ की यात्रा से लौटे विद्वानों से घिरे हुए राजा परमर्दिदेव ने अपने कवि वत्सराज का नाटक हास्य चूड़ामणि प्रहसन खेलने की आपको आज्ञा दी है।

सूत्रधार : **(हर्षपूर्वक)** अच्छा ! मैं बहुत अनुगृहीत हूँ। यह राजा तो ऐसे ही नाटक चुनते हैं जिसमें हर पात्र उपयुक्त हो। **(आश्चर्य से अपने सिर को हिलाते हुए)** विद्वानों के घर में सदा लक्ष्मी को सौत मानकर उसे निरंतर दान द्वारा दासी बनाने की इच्छुक वाणी की देवी सरस्वती ने अगाध विद्या के भंडार इन महाराज परमर्दिदेव का पुरुष रूप धारण कर लिया है। तो जाइए और अभिनेताओं को तैयार कराइए। आज तो मेरी अभिलाषा पूरी हुई। क्योंकि यह सभा उदार विद्वानों के सहयोग से धन्य है, सरस वाणीवाले वत्सराज की हम पर कृपा है, ये अभिनेता वर्ग भी नाट्य विद्या में निपुण है। इन सबका आज एक साथ होना मेरे पूर्व जन्म के किसी पुण्य का फल है।

[नेपथ्य से गीत सुनाई देता है।]

अंधकार रूपी चोर द्वारा चुराई हुई अपनी संपत्ति को पाने के लिए यह अंबरलक्ष्मी भगवान सूर्य की ओर जा रही है।

सूत्रधार : **(गीत सुनकर हर्ष से)** श्रीमान ! अभिनेता लोग तैयार हो गए लगते हैं क्योंकि कपटकेलि कुटनी के प्रवेश का ध्रुवा-गीत गाया जा रहा है। तो चलें, हम लोग आगे के काम को पूरा करें। **(दोनों का प्रस्थान)**

प्रस्तावना समाप्त।

पहला अंक

[सोकर उठी हुई कपटकेलि का प्रवेश]

कपटकेलि : **(चारों ओर देखकर)** अरे ! सबेरा हो गया। खिड़की की जाली में से आती हुई सूर्य की नयी किरणें गन्ने की पुरानी मदिरा-जैसी लग रही हैं। मदिरा पीने से आलस के कारण मेरी रात कैसे एक ही झपकी में बीत गई। अहा, सबेरे के समय मदिरा की मिठास के क्या कहने ! तो फिर अभी ले आऊँ। प्रिय वस्तु लिये बिना छुटकारा नहीं।

[चेटी का प्रवेश]

चेटी : **(दुख से)** माता, ठीक कहती हैं, प्रिय वस्तु लिये बिना जाती नहीं। बहुत दिनों से जोड़े आपके गहने रात में चोर ले गए।

कपटकेलि : कुसुमिका, क्या कह रही है ?

कुसुमिका : सच कह रही हूँ।

कपटकेलि : **(दुख से स्वगत)** मदिरा कैसे विष बन गई कि मैं बेजान-सी सोती रही ! **(प्रकाश में)** क्या सेंध लगाई गई ?

कुसुमिका : नहीं, नहीं।

कपटकेलि : दरवाज़ा खुला था ?

कुसुमिका : नहीं, नहीं।

कपटकेलि : तो फिर यह कैसे हुआ ?

कुसुमिका : पता कीजिए, स्वामिनी।

कपटकेलि : **(सोचकर स्वगत)** अवश्य यह मेरी बेटी का ही काम है जो फटेहाल जुआरी कलाकरंड से प्रेम करती है। हाय ! हाय ! हमारे घर में कोई और लड़की नहीं जो ऐसे धूर्त से प्रेम करती हो। इस चोरी से घर में अब कलह फैलेगी। **(प्रकाश)** कुसुमिका, किसी जानकार से पूछना चाहिए। पुराने बाग के मठ में ज्ञानराशि नामक केवली

विद्या के जानकार हैं, उनसे पूछने जाऊँगी। मुद्गरक को जगा, वह भी मेरे साथ चले।

कुसुमिका : मुद्गरक, मुद्गरक ! उठो, उठो ! **(चेट मुद्गरक वैसे ही सोता रहता है)** इसे तो नींद के साँप ने डसा है, नीलकंठ ही इसे जगा सकते हैं।

कपटकेलि : इसका मंत्र मैं जानती हूँ। मुद्गरक, मुद्गरक ! उठो, उठो ! तुम ही चखकर वह मदिरा ले आओ।

मुद्गरक : **(उठकर)** कुसुमिका, लाओ, ले आओ बर्तन !

कपटकेलि : बेटा मुद्गरक, जब तक कुसुमिका बर्तनों को धोकर लाती है, हम-तुम चलते हैं।

[दोनों परिक्रमण करते हैं।]

मुद्गरक : माता, इधर कहाँ चल रही हैं ?

कपटकेलि : मुद्गरक, अपने घर का हाल तुमने नहीं सुना ? हमारी सारी जमा-पूँजी आज चोर ले गए। इसलिए पुराने बाग़ के मठ में रहनेवाले केवली विद्या के जानकार भगवन ज्ञानराशि से पूछने जा रही हूँ।

मुद्गरक : **(प्रसन्न होकर, स्वगत)** जियो, चोरो, जियो ! तुम्हारे इस काम से सबका भला हो ! यह दुष्टा हमारे-जैसे लोगों का अहित करने में तनिक भी नहीं चूकती। **(प्रकाश में, खेदपूर्वक)** हाय ! हाय ! माता यह कैसे हो गया ! मुझे धन के जाने का इतना दुख नहीं जितना इस अपमान का कि स्वामिनी की भी चोरी हो गई। यह आज तक न सुना कि आग को भी कोई जला सकता है। धन की हानि तो भाग्य के हाथ है, इसमें क्या अपमान ! हमारी माता तो नागरिकों का सर्वस्व उनके जानते-बूझते, उनकी आँखों के सामने ही, खेल-खेल में चुरा लेती है। ये चोर उनके बराबर कैसे हो गए ?

कपटकेलि : मुद्गरक ! सब कुछ लुट जाने पर ऐसी टेढ़ी बातों का यह अवसर नहीं। कुछ उपाय करो।

मुद्गरक : उपाय करता हूँ। **(आकाश की ओर देखकर)** हे

लोकपालो, अगर तुमने हमारी धर्मपरायण माता के चुराए गए माल की उपेक्षा की तो बचोगे नहीं, बचोगे नहीं !

कपटकेलि : चेट, चेट ! क्या बेसिरपैर की बातें कर रहे हो ?

मुद्‌गरक : अब सिर-पैर की बात करूँगा। अपनी माया से सारे संसार को ठगनेवाली हमारी माता को भाग्य से चोरों ने ठग लिया है।

कपटकेलि : **(क्रोध से)** अपने मृत्युद्वार-जैसे मुँह को बंद नहीं करोगे ! **(थप्पड़ लगाती है)**

मुद्‌गरक : **(बनावटी हँसी के साथ पास आकर)** माता, मेरी अच्छी-बुरी हर बात से तुम नाराज़ हो रही हो। मैं तुम्हारे साथ नहीं चलूँगा।

कपटकेलि : **(मनाती हुई-सी)** मुद्‌गरक, मुद्‌गरक, चलो-चलो, माल मिल जाने पर बड़ा भारी मदिरा महोत्सव मनाएँगे।

[उसका हाथ पकड़कर परिक्रमण करती है।]

मुद्‌गरक : **(चारों ओर देखकर)** अहा ! वसंत के आने से बाग़ कितना सुंदर लग रहा है ! माता, देखो-देखो ! उन्मुक्त लंपट की तरह भौंरा जब सामने ही एक-एक लता को चूमता है तो वे फूलों लदी लताएँ इतने से ही प्रसन्न हो जाती हैं। भौंरों का गुंजन ऐसा लगता है मानो ये विलासिनी लताएँ कामदेव का गीत गा रही हैं, और अशोक वृक्ष की हवा से उनका डोलना मानो लय में नृत्य है।

कपटकेलि : **(निश्वास लेकर)** मुद्‌गरक, मुझ दुखिया को वसंत अच्छा नहीं लग रहा।

मुद्‌गरक : तुम्हें ही नहीं, **(उँगली से दिखाते हुए)** इस कुंदलता को भी। यह फूलों के गहनों और भौंरों के बिना ऐसी चुपचाप है मानो वसंत रूपी चोर ने ठग लिया हो।

कपटकेलि : मुद्‌गरक, जाओ और पता लगाओ कि भगवन मठ में क्या कर रहे हैं। मैं यहीं ठहरी हूँ।

[चेट देखकर वापस आता है।]

मुद्गरक : माता, कोई घुटमुंड वाक्-युद्ध कर रहे हैं। जो एक कह रहा है वही दूसरा दोहरा रहा है।

कपटकेलि : मुद्गरक, वह भगवन अपने शिष्यों को पढ़ा रहे हैं। जब तक वह पढ़ाते हैं तब तक हम यहीं ठहरें।

[ऐसा ही करते हैं। शिष्य को पढ़ाते हुए ज्ञानराशि और शिष्य कौण्डिन्य का प्रवेश।]

ज्ञानराशि : ए, दोनों श्लोक तुम्हारे गले उतर गए ?

शिष्य : ज्ञानराशि ! पेट तक उतर गए।

ज्ञानराशि : **(क्रोध से)** मूर्ख ! नाम लेकर मुझे बुलाता है ?

शिष्य : क्या आपका नाम लेने से पाप होता है ?

ज्ञानराशि : अरे मूर्ख ! बड़ों का नाम नहीं लेते।

शिष्य : तो फिर पर्वतों का नाम क्यों लेते हैं ?

ज्ञानराशि : विद्यादान के कारण गुरुजन बड़े होते हैं। तुम्हें मुझको गुरुजी कहकर बुलाना चाहिए।

शिष्य : गुरुजी, वे दोनों ही श्लोक पेट तक उतर गए। आप सुनिए। सभी गात्रों को देखकर और बार-बार विचार करके यही निष्कर्ष निकलता है कि नारीजन का सदैव ध्यान करना चाहिए।

ज्ञानराशि : **(क्रोधपूर्वक)** धिक्कार, मूर्ख ! वर्णों के हेर-फेर से सब गड़बड़ कर दिया।

शिष्य : गुरुजी, क्यों क्रोध करते हैं ? आपने खड़िया के वर्ण में जैसा श्लोक लिखा वैसा ही मैंने पढ़ा। **(लिखने की पाटी दिखाता है।)**

ज्ञानराशि : **(हँसकर)** मूर्ख ! अक्षरों को बदल दिया तुमने। तो फिर अब दूसरा पढ़ो।

शिष्य : एक सफ़ेद आँखवाले तुम्हें नमस्कार हो ! संसार को कष्ट देनेवाले, तुम्हें नमस्कार हो ! पाखंडी महापुरुष, झूठ के भंडार, तुम्हें नमस्कार !

ज्ञानराशि : **(क्रोध से)** अरे नीच ! श्वेत कमल के समान मेरी आँखों की हँसी उड़ाता है !

[शिष्य को मारने को तैयार हो जाता है।]

शिष्य : **(जल्दी से दूर हटकर)** मुझे क्यों मारते हैं ? ये निकम्मे गुरु लोग अपने से अधिक मेधावी शिष्य को सहन नहीं कर पाते, इसलिए मैं जाता हूँ।

ज्ञानराशि : **(स्वगत)** समझदार लगता है। इसे साथ रखना लाभदायक होगा। **(प्रकाश)** बस, कौण्डिन्य, आओ, आओ।

शिष्य : **(उत्तेजना से)** मैं नहीं आऊँगा। आप बड़े क्रोधी हैं।

ज्ञानराशि : कौण्डिन्य, मेरे क्रोध से उत्तेजित मत हो। दंड देनेवाला राजा सारे संसार का पालन करता है। गर्म होने पर भी सूर्य संसार को सुख देता है। इसी तरह गुरु कठोर होते हुए भी शिष्य को शास्त्र पढ़ाता है। हितैषियों का ढंग ऐसा ही दिखाई पड़ता है। तो आओ, तुम्हें फिर से सही पाठ पढ़ाता हूँ। **(इस प्रकार उसे आश्वासन देकर पढ़ाता है।)** सभी शास्त्रों को देखकर और बार-बार विचार करके एक यही निष्कर्ष निकलता है कि सदैव नारायण का ध्यान करना चाहिए। श्वेत कमल-जैसे नेत्रवाले, तुम्हें नमस्कार ! संसार का कल्याण करनेवाले, तुम्हें नमस्कार ! महापुरुष, पूर्वज हृषिकेश, तुम्हें नमस्कार !

[शिष्य पहले की भाँति ही पढ़ता है।]

ज्ञानराशि : **(क्रोध से)** मूर्ख ! ऐसे पढ़ !

शिष्य : **(फिर अशुद्ध पढ़कर खीझ के साथ)** गुरुजी, सचमुच पढ़ाई बड़ी कठिन है। इससे कुछ लाभ भी नहीं। इसलिए मुझे केवली विद्या पढ़ाइए जिससे लोगों का धन मुझे मिल जाए।

ज्ञानराशि : **(तिरस्कारपूर्वक)** मूर्ख, धिक्कार है तुम्हें ! भोग की लालसा से पीड़ित हो। कैसा मोह ! मृग प्रायः शिकारी के जाल को तोड़ने का प्रयत्न करता है, फिर सहसा शौक से विकल होकर प्रमाद के कारण उसमें फँस जाता है। यह मूढ़ संसार बुरे परिणामवाले विषयों के फंदे को स्वयं ही अपने गले में डालता है और प्रसन्न होता है।

शिष्य : मिला नहीं इसलिए ऐसा कहते हैं। आप केवली विद्या नहीं जानते।

ज्ञानराशि : मूर्ख ! मैं ही केवली विद्या जानता हूँ। पर वह कल्याणकारी नहीं, इसलिए मैंने उसे छोड़ दिया है। दैवी सिद्धि युक्त केवली विद्या हमारे कुल के लिए शत्रु की तरह है। क्योंकि झूठ निकलने के कारण चोरों ने मेरे पिता को मार डाला। खजाने को खोदते हुए काल-जैसे नाग ने मेरे भाई को डस लिया। युद्ध की जानकारी विपरीत निकलने के कारण राजा ने मुझे मारना चाहा। इसीलिए मैं संन्यासी हो गया हूँ।

शिष्य : **(हँसकर)** तीन पीढ़ियोंवाले आपके ज्ञान की महिमा तो समझ गया। अब अपना असली रहस्य मुझे बताइए।

ज्ञानराशि : **(मुस्कराकर)** मूर्ख ! तुम वाचाल हो। केवली विद्या सीखने के योग्य नहीं हो।

शिष्य : **(साभिप्राय हँसते हुए)** गुरुजी, वाचालता से मैंने आपका कौन-सा रहस्य खोल दिया ?

ज्ञानराशि : तुम तो हमारे लिए अपने-जैसे ही हो। तो फिर केवली विद्या जाननेवालों के लिए पहला नियम सुनो।

बोलने से क्या लाभ, फल ही इसकी कसौटी है—
यह कहकर गहरे सोच-विचार में पड़ जाओ,
प्रश्नों के उलटे-सीधे उत्तर दो, निर्णय न बताओ,
कार्य को सिद्ध होता देखकर ऊँचे स्वर में बोलो,
यह तो मुझे पहले ही पता था,
और किसी झूठे साक्षी को तैयार कर लो।
चिंता में डूबे होने के कारण तुमने सही प्रश्न नहीं पूछा,
प्राप्ति के बारे में भविष्यफल ठीक से नहीं जान पाए,
तुम्हारे ही दोष के फलस्वरूप यह भ्रम उत्पन्न हुआ,
हमारे लिए तो केवली विद्या कभी भी झूठी नहीं होती—
इस प्रकार विश्वास दिलाकर लोगों को ठगो।

शिष्य : गुरुजी, कुछ-कुछ समझ में आ रहा है।

ज्ञानराशि : **(नेपथ्य की ओर देखकर आशंका से)** मूर्ख ! ठहरो, ठहरो ! एक पुरुष के साथ कोई महिला इधर ही आ रही है।

[कपटकेलि और मुद्गरक का प्रवेश]

मुद्गरक : सचमुच पीने-पिलाने के उपयुक्त स्थान है।

कपटकेलि : **(क्रोध से)** चुपचाप चले आओ !

ज्ञानराशि : **(स्वगत, आशंका के साथ)** कहीं इन लोगों ने हमारी बातें तो नहीं सुन लीं ! ठीक है, तो फिर ज़ोर से कहता हूँ। **(प्रकाश)** कौण्डिन्य ! मैं ब्रह्म ही हूँ, प्राणियों के मरने-जीने का रहस्य जानता हूँ। मैं स्वामी हूँ, दूसरों द्वारा चुराए धन को धरती के भीतर से निकालता हूँ। लोक के सारे चरित्र को मैं अपने अंतर में जानता हूँ। चोरों द्वारा चुराई गई वस्तु को दिलवाता हूँ, भले ही वे उसे अपनी ही वस्तु की तरह धारण किए हों।

कपटकेलि : **(सुनकर हर्षपूर्वक)** मुद्गरक, सुनो, सुनो, भगवन के अमृत वचन ! जल्दी आओ ! **(पास पहुँचती है)** भगवन, प्रणाम करती हूँ।

मुद्गरक : मैं भी प्रणाम करता हूँ।

ज्ञानराशि : दोनों का कल्याण हो। बैठो।

[दोनों बैठते हैं।]

कपटकेलि : **(विनयपूर्वक)** भगवन, पिछली रात चुराए मेरे धन को दिला दें।

शिष्य : **(हड़बड़ाकर)** अरे, क्या कह रही हो ! आज रात मठ छोड़कर गुरुजी कहीं नहीं गए।

कपटकेलि : **(घबराकर)** क्षमा करें, क्षमा करें ! अपने ज्ञान की शक्ति से चोर का पता लगाकर मेरा धन दिलवा दें, मैंने यह कहा था।

ज्ञानराशि : **(मुस्कराकर)** कौण्डिन्य, ठहरो, ठहरो ! **(कपटकेलि से)** भद्रे, ऐसी विद्या का प्रयोग करना हमारे लिए उचित

नहीं।

कपटकेलि : **(विनयपूर्वक)** भगवन, आप करुणासागर हैं, आपको छोड़कर हम-जैसों का और कौन सहारा है ? वह धन मिल जाए तो आपका ही होगा।

ज्ञानराशि : **(स्वगत, हर्षपूर्वक)** इसका मनोरथ हमें स्वीकार है। पर अनिच्छा का अभिनय करना चाहिए। न जानता हूँ न लेता हूँ, इस चिंता से मुझे क्या ? अस्वीकार करने से ही ढोंगी व्यक्ति को अच्छा फल मिलता है। **(प्रकाश)** तुम्हारी अभिलाषा से हम धन्य हुए। कौण्डिन्य, केवली विद्या की पुस्तक लाओ। लाभ-हानि का निश्चय करूँ।

शिष्य : **(पुस्तक लाकर)** केवली विद्या की पुस्तक की पूजा करनी चाहिए।

मुद्गरक : **(सहसा उठकर)** फूल लाता हूँ।

शिष्य : भद्र, केवली विद्या की पुस्तक की पूजा सोने या रत्नों से होती है।

[कपटकेलि ज्ञानराशि की ओर देखती है।]

ज्ञानराशि : **(स्वगत, बड़े संतोष के साथ)** कौण्डिन्य केवली विद्या सीखने के योग्य है। **(प्रकाश)** भद्रे, यह ठीक है। मनु ने कहा है, केवली की सोने और रत्न से पूजा करके श्रद्धालु अपना हानि-लाभ जान सकते हैं। सोना और रत्न न हों तो फूल चलेंगे।

कपटकेलि : आर्य, जैसा आवश्यक हो कीजिए। **(अँगूठी से पुस्तक की पूजा करती है।)**

ज्ञानराशि : कौण्डिन्य, ले लो। भिक्षुओं में बाँट देना।

शिष्य : **(स्वगत)** दुष्ट ! जानता हूँ, यह तुम मुँह से कह रहे हो, हृदय से नहीं। **(प्रकाश)** जैसी गुरुजी की आज्ञा।

[अँगूठी लेता है।]

ज्ञानराशि : **(पुस्तक खोलकर)** अरे ! तो फिर ग्रहकुंडली लिखता हूँ। **(लिखता है।)** जब बीसवें स्थान में शनि को हटता देखो, राहु शकटभेदी हो, केतु मेष में स्थित हो, रवि अंगारक

लग्न में हो और पान को देखनेवाला हो, तभी निश्चित रूप से धन के न रहने का प्रश्न उठता है। पर यह योग तो नहीं है। तो फिर खोई हुई वस्तु का लाभ होगा।

कपटकेलि : **(हर्षपूर्वक)** आर्य की कृपा से !

शिष्य : **(आश्चर्य से)** अरे, गुरुजी की विद्या की महिमा देखो। पूरी शालिहोत्र गाथा कंठस्थ है।

ज्ञानराशि : कौण्डिन्य ! बाहर जाकर भविष्यफल जान आओ।

शिष्य : **(बाहर जाकर फिर प्रवेश करते हुए)** नाश हो तेरा चेट, तेरा नाश हो।

मुद्गरक : **(हड़बड़ाकर उठते हुए)** अरे ! क्यों रे साधु, मुझे ही कोस रहा है ! ठहर, ठहर, तेरी ही खोपड़ी से केवली ग्रंथ की पूजा करता हूँ।

शिष्य : **(भय से)** बचाओ, बचाओ ! मैं तो भविष्यफल बता रहा हूँ। तुम्हें नहीं कोस रहा।

कपटकेलि : मुद्गरक ! अपने सत्यानाशी मुँह को बंद नहीं करोगे ?

ज्ञानराशि : महाशय, ठहरो, ठहरो, यह कोसना नहीं, भविष्यफल है। अब तुम्हीं भविष्यफल लेकर आओ।

मुद्गरक : **(बाहर जाकर लौटते हुए)** ठग रहा है, रे ठग रहा है !

ज्ञानराशि : **(आशंका से)** अरे ! क्या बक रहे हो ?

मुद्गरक : आर्य, मैंने तो यही सुना।

ज्ञानराशि : **(लिखते हुए)** यह वकार कवर्गीय है।

शिष्य : मैं तो सवर्गीय समझता था।

ज्ञानराशि : इसमें कितनी मात्राएँ हैं ?

शिष्य : पाँच।

ज्ञानराशि : अनुस्वार में कितनी होती हैं ?

शिष्य : जितनी आप लिख सकें।

ज्ञानराशि : तो फिर तेरह। तेरह और पाँच बाईस।

शिष्य : नहीं, नहीं, बीस।

कपटकेलि : पूरी अठारह होती हैं। सोचिए, आर्य !

ज्ञानराशि : **(स्वगत, विचार करके)** अरे, यह तो गणित में बड़ी कुशल

है ! जैसे भी हो यह बात समाप्त करता हूँ। **(प्रकाश)** भद्र, हमारी गणना की पद्धति अलग है। अपने घर के लोगों के नाम बताओ।

[मुद्गगरक नाम लिखवाता है–कपटकेलि, मदनसुंदरी, मुद्गगरंक, कोकिलक, पारावत, कुसुमिका, इत्यादि।]

ज्ञानराशि : **(लिखकर, स्वगत)** निश्चय ही कपटकेलि के चोर होने का संदेह है इसलिए सबसे पहले उसका नाम लिया गया। तो यही कह देता हूँ। **(गणना का अभिनय करके, प्रकाश)** कपटकेलि ने चोरी की है ऐसा लगता है।

मुद्गगरक : **(जोर से हँसकर हर्षपूर्वक)** आपने सही जान लिया। वे स्वयं ही अपने घर चोरी करती हैं।

[कपटकेलि मुस्कराकर इशारे से रोकती है।]

ज्ञानराशि : **(सोचकर, कुछ लज्जा से, स्वगत)** इनके इस तरह मुस्कराने से लगता है यही कपटकेलि है। यह तो ठीक नहीं हुआ। **(फिर से कुछ याद करने का अभिनय करके)** इसी की पुत्री गणिका मदनसुंदरी कलाकरंडक पर अनुरक्त है। और वे दोनों कोकिलक और पारावत चोर और जुआरी हैं। तो फिर यह होगा। **(कपटकेलि को बुलाकर अपवार्य)** भद्रे ! चोर का पता लग गया है। तुम्हारा नाम उसे छिपाने के लिए लिया था। तुम अपने घर जाओ और कोकिलक तथा पारावत से एकांत में पूछताछ करो।

कपटकेलि : **(हर्षपूर्वक, प्रकाश)** आर्य, मुझे आज्ञा दें।

ज्ञानराशि : भद्रे ! तुम जाओ। जिससे वस्तु मिलनी है उस पर क्रोध न करना।

[कपटकेलि मुद्गगरक के साथ जाती है।]

शिष्य : **(अँगूठी लाकर)** आर्य, इसे धारण करें।

ज्ञानराशि : **(उद्वेग के स्वर में)** यह तुम्हारा कैसा मोह है ! देखो-देखो, बुढ़ापा, मृत्यु, बीमारी और विपत्ति से ग्रसित जिस शरीर

को काल प्रतिक्षण बदलता रहता है, उसको चमकते आभूषणों से सजाना व्यर्थ है। आग में जलते हुए घर में कमरा कौन बनाता है ?

शिष्य : **(हँसकर)** गुरुजी, मैं आपका ही शिष्य हूँ। मुझे क्या समझ रहे हैं ? ले लीजिए इसे।

[ज्ञानराशि अँगूठी पहन लेता है।]

शिष्य : **(साभिप्राय हँसकर और हाथ जोड़कर)** तुम्हें नमस्कार ! गुरुजी के हाथों में ही टिकी रहना।

ज्ञानराशि : **(क्रोध से)** अरे पापी ! ऊटपटांग बोलनेवाले ! मैं अपने सब व्यसनों को भूल चुका हूँ। **(कुछ याद करके विस्मयपूर्वक)** कौण्डिन्य ! तुम्हारी बातों से कलाकरंडक जुआरी की प्रार्थना मुझे याद आ गई। वह जुए में सब कुछ हारकर मेरे मंत्र के प्रभाव से जीतने की इच्छा करता है। उसे मेरे ऊपर बहुत विश्वास है। तो आओ, मंत्र-जाप के योग्य सुनसान स्थान में चलें। इस बाग में गणिका आदि का आना-जाना रोकना संभव नहीं।

शिष्य : इधर, इधर आइए, गुरुजी।

[दोनों जाते हैं।]

पहला अंक समाप्त

दूसरा अंक

[मंत्र-जाप करते हुए ज्ञानराशि और शिष्य का प्रवेश]

शिष्य : गुरुजी, बहुत मंत्र-जाप कर लिया। लगता है कलाकरंडक जुआरी जीत गया। आपका मंत्र जल्दी ही प्रभाव

दिखाएगा। तो चलिए, उद्यान में चलें। द्रोपहर के प्रचंड सूर्य की किरणें अपनी गर्मी से मेरे शरीर को झुलसे दे रही हैं।

ज्ञानराशि : **(जाप छोड़कर)** ठीक कहते हो। यह जलता हुआ सूर्य दुष्ट व्यक्ति की तरह भीषण और निर्दयी है। फिर भी घने वृक्ष रूपी सज्जनों की सहायता से इससे बचा जा सकता है। तो फिर चलें।

[दोनों चलते हैं।]

शिष्य : यह उद्यान है, आप प्रवेश करें।

[प्रवेश का अभिनय करते हैं। एक ओर मदनसुंदरी और चेटी बैठी हैं।]

शिष्य : **(कुछ चलकर और आगे की ओर देखकर)** गुरुजी, देखिए, देखिए ! यहाँ माधवी मंडप में कोई अनोखी स्त्री किसी आचार्य की तरह ध्यानमग्न है। उसी के पास दूसरी देवता की पूजा के लिए चंदन और फूल लिये बैठी है।

ज्ञानराशि : कौण्डिन्य, यहाँ लाल अशोक के नीचे बैठते हैं, माधवी मंडप से क्या !

[दोनों बैठ जाते हैं।]

शिष्य : **(देखकर, उपहास और आश्चर्यपूर्वक, स्वगत)** अरे गुरुजी, अरे गुरुजी, यहाँ बैठकर ही यह अच्छी तरह से दीख रही है !

ज्ञानराशि : **(देखकर, स्वगत)** आहा, इसकी सुंदरता के क्या कहने ! इस चंचल और विशाल नेत्रोंवाली की सुंदरता की लहरें मेरे निष्ठुर विवेक के कठोर अक्षरों को भी मिटाए दे रही हैं और मुझ संयमी के हृदय को भी यह कामदेव के समान सहसा प्रेम की शिक्षा दे रही हैं।

चेटी : स्वामिनी ! वसंत आने के आनंदोत्सव पर भी आपके हृदय का यह कैसा संताप है कि सीपी में रक्खे चंदन का आपके अंगों पर कोई असर ही नहीं हो रहा है। बहुत दिनों से खिली हुई पराग से भरी मल्लिका पर भौंरे

गुनगुना रहे हैं, पर आप उसकी ओर ध्यान नहीं देतीं इसलिए वह आपको उलाहना-सा दे रही है। आपके करकमल में पकड़ा हुआ पान मुँह में चबाए जाने के लिए व्याकुल असहाय-सा मुरझा गया है।

मदनसुंदरी : **(अनसुनी करके तथा लंबी और गर्म श्वास लेकर)** मृत्यु की असमर्थता को धिक्कार है कि आम की मंजरी के विष को पीकर भी भौंरे जीवित हैं। आकाश में शब्द की अग्नि से कोयलों का कंठ जल रहा है मलयपर्वत की विषभरी हवा से लताएँ नहीं मुरझाई हैं। कामदेव के बाणों से आहत होकर भी मैं जीवित हूँ।

ज्ञानराशि : कौण्डिन्य, यहाँ वैरागियों का क्या काम ? चलो, चलें।

शिष्य : गुरुजी, ठहरिए, ठहरिए ! आपकी कठिन पढ़ाई से पीड़ित मेरे कानों को इस मधुर आलाप से तरावट मिल रही है।

ज्ञानराशि : **(स्वगत)** मुझे भी। **(प्रकाश)** कौण्डिन्य, बनी-ठनी वेश्या की बातचीत के लालच में तुम अध्ययन से विमुख हो रहे हो !

[चेटी पहलेवाला वाक्य फिर से दोहराती है, और मदनसुंदरी वैसे ही चिंता का अभिनय करती है।]

चेटी : **(हाथ पकड़कर)** स्वामिनी, मदनसुंदरी, आप अशुभ शब्द क्यों बोल रही हैं ? शृंगार क्यों नहीं करतीं ? क्या ऐसे ही कलाकरंडक से मिलेंगी ?

मदनसुंदरी : **(चौंककर हर्ष से)** सखी, कहाँ है वह जुआरी ?

चेटी : वह सबके धन को जीतकर कामोद्यान में तुम्हारे साथ पान-गोष्ठी का महोत्सव मनाएगा। तुमने जो आभूषणों की पिटारी भेजी थी वह उसने माता कपटकेलि के पास भेज दी है, यह बात मुझे कामोद्यान के माली ने बताई है।

मदनसुंदरी : **(उत्कंठासहित उठकर)** प्यारी सखी, आओ मेरा आलिंगन करो।

[**चेटी का आलिंगन करती है।**]

शिष्य : गुरुजी, हमारी तपस्या भाड़ में जाए ! देखिए, देखिए, इसका भाग्य देखिए, जो मदनसुंदरी इसका आलिंगन कर रही है।

ज्ञानराशि : **(उत्कंठासहित, स्वगत)** कौण्डिन्य ने ठीक कहा। **(प्रकाश, क्रोध से)** अरे, अरे, क्या बक रहा है ! अरे पापी, शाप के जल से तुम्हारी धृष्टता की अग्नि को ठंडा कर दूँगा।

[**कमंडल से जल लेने की चेष्टा करता है।**]

शिष्य : बिना बात कमंडल के जल को क्यों बहा रहे हैं ? दोपहर में प्यास से व्याकुल हो जाएँगे। आपके प्रभाव को जानता हूँ।

ज्ञानराशि : मूर्ख ! कपटकेलि का धन वापिस मिलने की बात जानते हुए भी नहीं समझते ?

शिष्य : कपटकेलि ने उसे चुराया है यह तो आपने पहले ही बताया था।

मदनसुंदरी : **(उत्सुकता के साथ)** तो चलो वहीं चलकर जुआरी की प्रतीक्षा करें।

[**उठकर चेटी का हाथ पकड़कर जाती है।**]

शिष्य : कहा-सुनी छोड़िए। देखिए, देखिए, वह जा रही है।

ज्ञानराशि : **(देखकर उत्कंठा और पश्चाताप के साथ, स्वगत)** जा ही रही है। कामवृक्ष की छाया की भाँति यह चंचल और विशाल नेत्रोंवाली जैसे-जैसे मुझसे दूर जा रही है, वैसे ही वैसे—आह ! असहनीय प्रखर ताप बलपूर्वक मेरे शरीर को लपेटे ले रहा है।

शिष्य : गुरुजी, सूर्य भी आप की ही भाँति असहनीय प्रखर तेजवाला है। तो आइए इसी माधवी मंडप में प्रवेश करें। यहीं ध्यान-धारणा आदि हो जाएगी।

ज्ञानराशि : **(उत्कंठा और हर्ष के साथ, स्वगत)** चिरंजीवी हो ! मेरे मन की बात कौण्डिन्य ने कह दी। **(प्रकाश)** जैसी तुम्हारी इच्छा।

[दोनों प्रवेश करने का नाट्य करते हैं।]

ज्ञानराशि : **(उत्कंठा सहित देखकर, स्वगत)** यही वह चबूतरा है जहाँ मदनसुंदरी बैठी थी। यहीं पर बैठता हूँ।

[विश्राम का नाट्य करता है।]

शिष्य : यहाँ मनचाही ध्यान-धारणा पूरी करें, गुरुजी।

ज्ञानराशि : **(मनस्ताप के साथ, स्वगत)** यह मेरी क्या दशा हो गई ! क्योंकि श्वास मुझे जलाए डाल रही है, साँस रोकने की प्रक्रिया कहाँ गई ? शब्द निरंतर उसी का नाम ले रहे हैं, वह जाप कहाँ गया ? हृदय उसी के वश में हो जाने से विष्णु पता नहीं कहाँ चले गए ? आज भगवान कामदेव ने मुझे कोई दूसरी ही दीक्षा दी है। संताप मेरे सारे शरीर को झुलसे दे रहा है। तो इसी तरावट देनेवाले चबूतरे पर लोटकर पीड़ा कम करूँ।

[ऐसा ही करता है।]

शिष्य : **(हड़बड़ाकर)** क्या गुरुजी भी लोटने लगे ?

ज्ञानराशि : **(अपने आप को सम्हालते हुए)** बेटे कौण्डिन्य, भयंकर ज्वर से मेरा शरीर पीड़ित है।

शिष्य : **(स्पर्श का अभिनय करते हुए)** अरे, आपको तो भयंकर ज्वर है ! ज्वरनाशक मंत्र तो आप जानते ही हैं। फिर क्यों कष्ट उठा रहे हैं ?

ज्ञानराशि : **(सोचकर, स्वगत)** अरे, मैं तो मदनसुंदरी के विरह-ज्वर से पीड़ित हूँ। उसके वशीकरण के मंत्र का प्रयोग ही अब मेरा उपचार है। यह वाचाल शिष्य राक्षस सूँघ लेगा, इसलिए दूती आदि का उपाय कहाँ ? तो फिर वही करता हूँ। **(प्रकाश)** बेटे कौण्डिन्य ! तुमने मुझे ठीक याद दिलाया। लिखने की सामग्री लाओ जिससे ज्वरनाशक मंत्र-बीज लिखूँ।

शिष्य : **(बाहर जाकर पुनः प्रवेश करके)** यह रही सामग्री। गुरुजी, लिखें।

ज्ञानराशि : **(भोजपत्र पर वशीकरण मंत्र लिखकर मोड़ते हुए)** बेटे

कौण्डिन्य, इसे गीले चंदन में लपेटकर ले आओ। उसे पहनने से मेरा ज्वर उतर जाएगा।

शिष्य : **(लिखे हुए को लेकर और घूमकर)** देखूँ इसमें क्या लिखा है। **(खोलकर पढ़ते और मुस्कुराते हुए)** अरे, मंत्र के बाद लिखा है कि मदनसुंदरी मेरे वश में हो जाए ! यह मैं सहन नहीं कर सकता। मैं भी मदनसुंदरी को पाने की आशा में जीवित हूँ। तो फिर यह करता हूँ।

[भोजपत्र पर लिखे शब्दों को मिटाकर लिखता है, 'कपटकेलि मेरे वश में हो जाए' और वैसे ही उसे मोड़कर और गीले चंदन में लपेटकर फिर से प्रवेश करता है।]

शिष्य : गुरुजी, इसे पहनें।

[ज्ञानराशि मंत्रबीज को लेकर पहनने का अभिनय करता है।]

शिष्य : **(हर्ष और आश्चर्य से)** गुरुजी, क्षणभर में ही ज्वररहित कैसे दीखने लगे ?

ज्ञानराशि : **(स्वगत)** यह जल्दी फल देनेवाला मंत्र है, जिसका कई बार अनुभव कर चुका हूँ। पर विष के समान कष्टदायक यह शिष्य पास ही है। तो फिर ऐसा करता हूँ। **(प्रकाश)** बेटे कौण्डिन्य, मंत्र का प्रयोग तो कर लिया। अब ज्वर को दूर करनेवाली देवी की पूजा करना चाहता हूँ। इसलिए कई रंगों के सुगंधित फूल ले आओ।

शिष्य : जैसी गुरुजी की आज्ञा। **(बाहर जाते हुए स्वगत)** गुरुजी की बात मैं समझता हूँ। फूल लाकर क्या होगा ? इस पीपल के पेड़ पर चढ़कर सब कुछ देखता हूँ। **(ऐसा ही करता है)**

ज्ञानराशि : **(सामने की ओर देखकर हर्षपूर्वक)** अहा ! मेरा मंत्र सफल हुआ। फूल और तांबूल आदि उपहार लिए हुए मदनसुंदरी की दूती कपटकेलि इधर ही आ रही है।

[निर्देशानुसार कपटकेलि प्रवेश करती है।

कपटकेलि साभिप्राय हँसती हुई और शरमाती हुई ज्ञानराशि के सामने सामग्री लिये हुए बैठ जाती है।]

ज्ञानराशि : **(गर्व और हर्ष के साथ)** भद्रे, वह वस्तु मिल गई ?

कपटकेलि : **(उत्कंठा सहित)** प्रियतम, वह खोई हुई वस्तु तो मिल गई, परंतु मेरा हृदय आपने चुरा लिया। अब आप ही मुझे बचाएँ।

ज्ञानराशि : **(स्वगत)** अरे, यह क्या हुआ ? यह मदिरा के नशे में है या प्रेम में पागल है ? अब इसे क्या उत्तर दूँ ? तो इसे समझाकर ठीक रास्ते पर लाता हूँ। **(प्रकाश)** भद्रे, आपकी पुत्री मदनसुंदरी सकुशल तो है ?

कपटकेलि : **(कुछ ईर्ष्या भाव से)** नहीं, नहीं, वह मेरी पुत्री नहीं बहन है। आप-जैसे रसिकों की कृपा से आराम से रहने के कारण मेरा बदन कुछ भारी हो गया है, इसलिए छोटी होने पर भी बड़ी लगती हूँ।

ज्ञानराशि : **(उपहास सहित, स्वगत)** अरे, बुढ़िया की ढिठाई तो देखो ! या फिर ठीक ही है। बुढ़ापे में इन दुष्ट स्त्रियों का तरुणी दीखने का हठ भी कैसा है कि मुँह फुलाकर पिचके हुए गालों को समतल बना लेती हैं, हर्ष से वक्ष को तानकर स्तनों को उभरा हुआ दिखाती हैं, सफ़ेद बालों को छिपाकर पुत्रियों से भी छोटी होना प्रकट करती हैं।

कपटकेलि : **(लालसापूर्वक)** प्यारे, यह गेरुआ वस्त्र उतारो। मैं तुम्हारे शरीर पर चंदन लगाती हूँ।

ज्ञानराशि : **(स्वगत)** बुढ़िया का पागलपन तो बहुत बढ़ गया है। या फिर युवावस्था में जिस कामदेव की ललक के साथ सेवा की, वह अब शिष्टाचारवश बुढ़ापे में इसे नहीं छोड़ रहा। **(प्रकाश)** ठहरो, ठहरो ! भोग-विलास के आनंद की अथाह कीचड़ में गिरने को दूर ही से नमस्कार ! हे माता, अब मैं पतन की आशंका के कारण सुख को

त्यागकर तपस्वियों के नीरस पथ पर चल रहा हूँ।

कपटकेलि : **(व्यंग्य से हँसते हुए)** प्यारे, नागरिक हो, विनोद करना जानते हो, इसीलिए मुझे माँ कह रहे हो। पर तुम साधुओं के रहस्य को नहीं जानते। क्या तुमने नहीं सुना कि जो साधु कामसेवन करते हैं, उनसे काम के जनक विष्णु बहुत अधिक प्रसन्न रहते हैं। न जाने कितने साधुओं की कामक्रीड़ा मैं भुगत चुकी हूँ।

ज्ञानराशि : **(क्रोध से)** अरी पापिन ! साधुओं पर कीचड़ उछालने से तुम्हीं उस पर फिसलोगी।

कपटकेलि : **(हँसकर)** प्यारे, मैं नहीं फिसलूँगी। तुम्हारा डंडा मुझे सहारा देगा। **(डंडे को छूती है।)**

ज्ञानराशि : अरी पापिन ! छू मत, छू मत ! यह तेरे लिए यमदंड है। **(डंडा उठाकर मारने की चेष्टा करता है।)**

कपटकेलि : **(जल्दी से दूर हटकर)** अरे, अरे, पाखंडी साधु ! मेरे कोकिलक-पारावत यहाँ नहीं हैं, इसलिए तू मुझे अनाथ समझकर मार रहा है।

[उत्तेजित कोकिलक और पारावत का प्रवेश]

पारावत : कोकिलक ! वह पाखंडी साधु इस बाग में यहीं कहीं होगा जिसने हमें चोरी के झमेले में फँसाया है।

ज्ञानराशि : **(सामने की ओर देखकर भयपूर्वक कपटकेलि से)** माता, अब आप ही मुझे बचाइए।

कपटकेलि : **(क्रोध से)** फिर मुझे माता कहता है !

ज्ञानराशि : **(अनुनयपूर्वक)** सुंदरी ! मेरी जान बचाओ ! मैं तुम्हारे हाथ में हूँ।

कपटकेलि : तो समाधि का बहाना बनाकर बैठ जाओ।

[ज्ञानराशि ऐसा ही करता है।]

कोकिलक : **(सामने देखकर हर्षपूर्वक)** देखो, देखो, यह रहा साधु ! माता पास बैठी उसकी सेवा कर रही है। चलो, उसके पास चलें।

दोनों : **(पास जाकर, उत्तेजना के साथ ज़ोर से)** माता, आप यहाँ

कैसे ?

कपटकेलि : **(हाथ के इशारे से रोकती हुई, धीमे स्वर में)** कोकिलक, चुप रहो। भगवन की समाधि भंग न जो जाए।

कोकिलक : माता, यह तो शराब के नशे में चूर लगता है, जो आँखें बंद किए भी झूम रहा है। **(पारावत को कनखियों से देखकर)** तुम्हारी क्या राय है ?

पारावत : कोकिलक, ठीक कहते हो। तो आओ, इसे बावड़ी के जल में नहला दें।

[ऐसा करने को उद्यत होते हैं।]

कपटकेलि : **(घबराकर)** अरे, अरे, यह क्या ! ठहरो-ठहरो, रे, ठहरो ! आग में मत कूदो !

कोकिलक : माता, अगर यह आग है, तो इसकी सेवा में तुम क्यों नहीं जलतीं ?

[बलपूर्वक ज्ञानराशि को पकड़ते हैं। ज्ञानराशि हुंकारता हुआ सिर घुमाता है।]

पारावत : कोकिलक, चिपचिपा होने के कारण इसे पकड़ना कठिन है।

कोकिलक : पारावत, तुम हाथों को पकड़ो, मैं पैर पकड़ता हूँ।

[ऐसा ही करते हैं।]

पारावत : **(बाँहों के ऊपर से मंत्र-बीज को तोड़कर और हाथों को पकड़ते हुए अँगूठी को पहचानकर)** कोकिलक, माता की इस अँगूठी को पहचनाते हो ? प्रेम-विद्या सिखाने की दक्षिणा के रूप में इसे दी गई थी।

कोकिलक : **(उपहासपूर्वक)** वाह, माता, वाह ! सब कुछ इसे देती हो और चोरी का कलंक हमारे सिर थोपती हो !

[दोनों चल पड़ते हैं।]

ज्ञानराशि : **(रोते-चिल्लाते हुए)** कौण्डिन्य, कौण्डिन्य, कहाँ हो ? कहाँ हो ? मैं तो तुम्हें छोड़कर स्वर्गलोक चला !

कोकिलक : पाताललोक कहो।

पारावत : कोकिलक, चलो, इस संन्यासी को पास के इसी पूज्य

पीपल वृक्ष पर लटका दें। अब यह क्षण भर के लिए उलटे लटककर आकाशचारी सिद्धि का अनुभव करे।

[कोकिलक एक ऊँची डाल को देखता है।]

कौण्डिन्य : **(डरकर, स्वगत)** यह स्वयं जलने से डरा हुआ दूसरों को भी आग में घसीटता है। तो फिर ऐसा करता हूँ। **(प्रकाश)** इसी ढोंगी साधु को पकड़ो, पकड़ो। जीवित पकड़े रखो। तब तक मैं भी उतरता हूँ। यह हर दिन मेरे बाग के सारे फूल ले जाता है। मैं यहाँ छिपकर इसे खोजता हूँ पर यह दिखाई नहीं देता।

[पेड़ से उतरने का नाट्य करके ज्ञानराशि को मारने की कोशिश करता है।]

ज्ञानराशि : क्या गुरुभक्ति है ! ठीक है, यह बेचारा तो जिए।

[कपटकेलि हँसकर ज्ञानराशि के मुख को देखती है।]

पारावत : अरे, तुम माली हो ?

कौण्डिन्य : और क्या ?

कोकिलक : पारावत, यह माता चुपचाप हँसती हुई संन्यासी को देख रही है, इससे लगता है कि यह उसका शिष्य कौण्डिन्य ही है।

[सहसा पास आकर कौण्डिन्य को पकड़ता है।]

पारावत : यह भी इसी संन्यासी का आदमी है। इसलिए दोनों को एक साथ ही सिद्धि मिल जाए।

[योगपट्ट से दोनों की गर्दन बाँधता है।]

कौण्डिन्य : **(लंबी साँस लेकर, चिल्लाते हुए)** छिपा हुआ धन सब अपनी-अपनी जगह पड़ा रहे, सारा संसार गरीबी से दुखी रहे। ज्ञानराशि अब दुनिया से चले।

कोकिलक : **(लालच से)** अरे, अरे, क्या तुम्हारे गुरुजी छिपे हुए धन के बारे में जानते हैं ?

कौण्डिन्य : ऐसा कौन है जिसका इन्होंने भला नहीं किया है ?

कोकिलक : **(जल्दी से पास आकर)** भगवन ज्ञानराशि ! हमारे ऊपर

भी कृपा कीजिए।

ज्ञानराशि : **(स्वगत)** शाबास ! तो फिर ऐसा करता हूँ। **(प्रकाश)** यह तो डर के मारे बक रहा है। हमारे साथ तुम जो करना चाहते थे वही करो।

[कोकिलक और पारावत योगपट्ट छोड़कर ज्ञानराशि के पैरों पर गिरते हैं।]

दोनों : कृपा करें, कृपा करें। हमारी दरिद्रता दूर करें।

ज्ञानराशि : बच्चो, मैंने तुम्हें क्षमा किया। क्षमा ही हम-जैसों का धन है। हम-जैसे दयालुओं का परोपकार ही परमधर्म है। दोनों बच्चों को अवश्य ही कृतार्थ करेंगे। इसलिए उठो।

[दोनों उठते हैं।]

दोनों : जुग-जुग जिएँ, आर्य, जुग-जुग जिएँ !

ज्ञानराशि : **(गर्व सहित)** मेरा इशारा मिलते ही यह कुट्टिनी पृथ्वी धन का घड़ा किसी को भी सौंप देगी। कौण्डिन्य, लांगली रस ले आओ।

कौण्डिन्य : वह किसलिए ?

ज्ञानराशि : क्या तुमने नहीं सुना कि लांगली के रस को मंत्र के साथ आँखों में लगाने से धीर व्यक्ति निधन या निधान को प्राप्त करता है।

कोकिलक : भगवन, क्या निधन निधान से भी बड़ा है ?

ज्ञानराशि : सारे दुखों का नाश करनेवाला निधन एक मात्रा कम होने पर भी निधान से बढ़कर है।

कोकिलक : तो हमें वही मिले।

ज्ञानराशि : और क्या ? कौण्डिन्य, जल्दी करो, जल्दी करो।

कौण्डिन्य : जैसी आपकी आज्ञा। **(बाहर जाकर फिर प्रवेश करके)** गुरुजी, यह लीजिए।

ज्ञानराशि : **(लेकर)** पहले किसकी आँख में लगाया जाए ?

कोकिलक : मेरी में।

पारावत : मेरी में।

कपटकेलि : भगवन, इस स्त्री पर भी आपकी कृपा होनी चाहिए।

ज्ञानराशि : अहा, कैसी उतावली है ! सभी का निधन समीप है।

पारावत : पहले कोकिलक की आँखों में लगाइए।

ज्ञानराशि : **(ऐसा ही करके)** बच्चे, इस पेड़ की जड़ पर दृष्टि डालो।

[कोकिलक ऐसा ही करता है।]

पारावत : कोकिलक, कुछ दीख रहा है ?

कोकिलक : कुछ भी नहीं।

ज्ञानराशि : **(अपवार्य)** वत्स पारावत, यह कहावत सच ही है कि 'धन के लिए व्याकुल व्यक्तियों के लिए न कोई सगा है न कोई मित्र'। इसीलिए यह देखते हुए भी नहीं बता रहा है। हर चरण पर निधान होते हुए भी क्या पागलों की तरह प्रलाप कर रहा है ? तो तुम्हें और तरह से दिखाता हूँ।

[पारावत की आँखों में भी लगाता है।]

कपटकेलि : भगवन, मुझे भी।

[ज्ञानराशि उसकी आँखों में भी लगाता है।]

कोकिलक : **(अपवार्य)** पारावत, कुछ दीख रहा है ?

पारावत : कुछ भी नहीं।

कोकिलक : माता, तुम्हें कुछ दीखता है ?

कपटकेलि : नहीं, नहीं, आँखें फूटी जा रही है।

कोकिलक : **(अपवार्य)** पारावत, माता को नहीं दीखता, तुम्हें नहीं दीखता, मुझे भी नहीं दीखता। तो अब क्या करना चाहिए ? **(सलाह करके, अपवार्य)** तो फिर ऐसा करते हैं **(प्रकाश)** गुरुजी, अंजन बहुत कम है। तो फिर बचे हुए रस से आप मेरी और कौण्डिन्य पारावत की आँखों से अपनी आँखें रगड़ लें जिससे हम एक साथ ही निधान को देख सकें।

[दोनों ऐसा ही करते हैं। कोकिलक और पारावत कसकर दोनों की आँखों से अपनी आँखें रगड़ देते हैं।]

ज्ञानराशि
ौर कौण्डिन्य : **(पीड़ा के साथ)** कृष्ण, कृष्ण, आँखें फूटी जा रही हैं !

कोकिलक
और पारावत : अभागो, लो अब निधान लो।

ज्ञानराशि : अरे कौण्डिन्य, यह तुम कौन-सी विषैली वस्तु ले आए ? वह अंजन तो दूसरा ही है।

कौण्डिन्य : गुरुजी, आप क्या मुझे मारना चाहते हैं ? इस तरह से आँखों की पीड़ा से मैं मरा जा रहा हूँ।

पारावत : **(बहुत पीड़ा के साथ)** हाय, हाय ! मैं तो बेमौत मारा गया !

कोकिलक : पारावत, क्यों दुखी होते हो ? क्योंकि—

क्या तुमने किसी भी मदिरा को बिना पिए छोड़ा है ?
क्या कोई महिला तुम्हारे हाथों से बची है ?
क्या कोई दिन बिना जुआ खेले बीता है ?
इसलिए अब इस संसार में हम क्यों दुखी हों ?

ज्ञानराशि : **(स्वगत, व्यंग्यपूर्ण हँसी के साथ)** सच ही है। संतुष्ट लोग प्रिय अतिथि की तरह मृत्यु की प्रतीक्षा करते हैं। **(प्रकाश)** बच्चा कोकिलक-पारावत, क्या यहाँ पास में कोई तालाब है ? आँखें धोते ही यह अपमृत्यु टल जाएगी।

कोकिलक : यहाँ पास ही मदनोद्यान है, जहाँ हमारे स्वामी कलाकरंडक मदिरापान का आनंद लूट रहे हैं।

पारावत : मुझे कोई रास्ता नहीं दिखाई देता।

कोकिलक : तो चलो, टटोलते हुए चलते हैं।

[सब धीरे-धीरे परिक्रमण करते हैं। कौण्डिन्य कोकिलक के ऊपर गिरने लगता है।]

कोकिलक : **(क्रोध के साथ पैर से धकेलते हुए)** अभागे, क्या यहाँ निधान है ? मैं तो कोकिलक हूँ। दूर हट !

कपटकेलि : **(गिरने लगती है)** बेटे कोकिलक, मुझे सहारा दो,

सहारा दो।

कोकिलक : माता, पड़ी रहो। तुम्हारा कौन उद्धार कर सकता है ? गिरे हुए हाथी को कौन उठा सकता है ?

[कपटकेलि बार-बार उठती और गिरती है।]

पारावत : **(व्यंग्यपूर्ण हँसी के साथ)** आर्ये, हर चरण पर तुम्हें निधान मिले।

कोकिलक : **(बहुत पीड़ा के साथ)** हाय हाय, यह पछतावा रह गया कि मरते समय स्वामी कलाकरंडक के पैर न छू सका !

कपटकेलि : **(रोते, छाती पीटते हुए आकाश की ओर देखकर)** बेटी, मदनसुंदरी, कहाँ हो ? मुझे उत्तर दो। यह अभागी तुम्हारा मुखचंद्र देखे बिना ही मरी।

[सखियों सहित घबराई हुई मदनसुंदरी और कलाकरंडक का प्रवेश]

मदनसुंदरी : माता, यह क्या ?

[कपटकेलि उसके गले लगकर रोती है।]

कलाकरंडक : **(देखकर घबराहट में पास आकर)** भगवन ज्ञानराशि, यह क्या ?

ज्ञानराशि : **(स्वर से पहचानकर)** बेटा कलाकरंडक, दुर्भाग्य का मारा हूँ, क्या करूँ ?

कोकिलक और पारावत : **(क्रोध से)** स्वामी कलाकरंडक, अपनी माया से सारे संसार को ठगनेवाले इस साधु को मरने दीजिए।

कलाकरंडक : **(घबराकर)** अरे पापियों, बकवास बंद करो ! **(ज्ञानराशि से)** भगवन, बताइए, यह कैसे हुआ ? आपका यह सेवक उपस्थित है।

ज्ञानराशि : बेटे, तो फिर पानी लाकर हम सबकी आँखें धो डालो।

कलाकरंडक : कुसुमिका, मुद्गरक, पास ही तालाब है, पानी ले आओ।

कुसुमिका और मुद्गरक : जैसी स्वामी की आज्ञा। **(बाहर जाकर वापस लौटकर)** पानी ले आए।

कलाकरंडक : सबकी आँखें धो दो।

[वे ऐसा ही करते हैं।]

ज्ञानराशि : **(मुँह धोकर आँखें खोलते हुए)** बेटा, कलाकरंडक, भाग्य से तुम आ गए, हमारी विपत्ति टल गई।

कपटकेलि : **(खुशी से)** सौभाग्य से तुम्हारा मुखचंद्र फिर देख पाई। **(मदनसुंदरी को प्यार करती है।)**

कोकिलक और पारावत : **(कलाकरंडक का पैर पकड़कर)** हमें भी जीवन मिला। आपके दर्शन हुए।

कलाकरंडक : बच्चो, तो फिर इन जगद्गुरु भगवन को प्रणाम करो।

[दोनों ज्ञानराशि को प्रणाम करते हैं।]

ज्ञानराशि : कलाकरंडक के साथ तुम सब भी खुशी मनाओ। बेटा कलाकरंडक, इसमें किसी का भी दोष नहीं। निधान पाने को उतावले इन लोगों के लिए जो अंजन लाया गया था, उसको लगाने पर भूल से कुछ और ही भयंकर हो गया।

कलाकरंडक : **(विनम्रतापूर्वक)** कहते क्या हैं ? भूल से भी जगद्गुरु पर कोई विपत्ति नहीं आ सकती।

ज्ञानराशि : बेटा कलाकरंडक, जुए में जीत गए, तुम्हारे मनोरथ पूरे हुए।

कलाकरंडक : **(हर्षपूर्वक विनम्रता के साथ)** भगवन, आप जैसे दयालु की कृपा होने पर इस संसार में मेरे लिए कुछ भी असाध्य नहीं।

मुद्गरक : **(हर्ष और उत्सुकता के साथ)** स्वामी कलाकरंडक, यह आपकी माता, यह आपके गुरु, ये आपके सेवक—इन सबकी विपत्ति टली, इसलिए जब खुशी मनाएँ।

ज्ञानराशि : बेटा कलाकरंडक, कहो अब तुम्हारी खुशी के लिए और क्या करूँ ?

कलाकरंडक : **(हर्षपूर्वक विनम्रता के साथ)**

सारे अजेय और कपटी जुआरियों को मैंने जीत लिया

प्राणप्रिया चंद्रमुखी को प्राप्त कर लिया
विपत्ति के समुद्र में पड़े सेवक बचा लिए गए
इस तरह मुझे कृतार्थ करने के बाद, हे भगवन,
अगर आप
कुछ और भी मुझे देना चाहते हैं, तो फिर ऐसा हो—
बादल लाएँ वर्षा प्यारी
राजा बनें प्रजा हितकारी
शोकरहित हो धरती सारी
चंद्रमौलि शिव के वंदन से धन्य रहें नरनारी।

[सब का प्रस्थान।]